'Der gefühlskalte Roboter mit dem Knackarsch'
auf Pilgerreise von Koblenz zum Chiemsee

"Jakobsweg" auf meine Weise!

Ich danke meinen Eltern die trotz ihres fortgeschrittenen Alters noch jederzeit für meinen großen Wildfang da sind.

Jürgen danke ich für den Buchtitel.

Danke auch an Komoot für die „kurzweilige" Streckenführung und daraus resultierende, lautstarke und sicherlich unfreiwillig komische Unterhaltungen mit meinem Iphone-Navi in Krisensituationen.

Heike Schüttelhöfer

'Der gefühlskalte Roboter mit dem Knackarsch'
auf Pilgerreise von Koblenz zum Chiemsee

‚Jakobsweg auf meine Weise'

Bibliografische Information der Deutschen Nationalbibliothek:
Die Deutsche Nationalbibliothek verzeichnet diese
Publikation in der Deutschen Nationalbibliografie;
detaillierte bibliografische Daten sind im Internet über
http://dnb.dnb.de abrufbar.

© 2016 Heike Schüttelhöfer

Illustration: Heike Schüttelhöfer

Herstellung und Verlag:
BoD – Books on Demand, Norderstedt
ISBN   978-3-7392-3439-7

Inhalt

Prolog 7

Tag 1 – 08. Juni 2014 17

Tag 2 – 09. Juni 2014 29

Tag 3 – 10. Juni 2014 43

Tag 4 – 11. Juni 2014 55

Tag 5 – 12. Juni 2014 61

Tag 6 – 13. Juni 2014 71

Tag 7 – 14. Juni 2014 81

Tag 8 – 15. Juni 2014 87

Tag 9 – 16. Juni 2014 93

Zugabe   Etappe X 109

Epilog 113

Dieses Buch widme ich der Liebe und
Murdock, der mich nicht begleiten konnte.

Prolog

Es ist Anfang Juni und für Pfingsten sind brüllend heiße Sommertage vorhergesagt. Ich lasse mich nicht beirren, auch wenn eine leise Stimme der Vernunft in mir zur Vorsicht mahnt.

Ab Pfingsten habe ich 2 Wochen Urlaub. Als Problem könnte man nun ansehen, dass dies bereits in 2 Tagen ist und meine ursprüngliche Urlaubsplanung sich gerade in Nichts aufgelöst hat. Doch jetzt zwei Wochen lang faul zuhause abhängen kommt für mich nicht in Frage. Also beschließe ich sehr spontan meiner freien Zeit einen Sinn zu geben, etwas zu bewegen – mich zu bewegen – meine eigene 'Pilgerreise' zu machen. Ich werde die Zwiesprache mit Gott suchen und versuchen mit meiner Kraft meiner Liebe zu helfen.

An dieser Stelle kommt jedermann natürlich sofort als erstes der Jakobsweg in den Sinn. Doch ich habe eine ganz andere Strecke im Auge.

Mein Weg führt mich von Koblenz zum Chiemsee!

Für lange Planung und Vorbereitungen bleibt mir keine Zeit mehr. Ich habe seit 20 Jahren ein Rennrad, das jetzt noch einmal beweisen kann, was in ihm steckt. Dieses gute alte Stück wird meine einzige Reisebegleitung sein.

Auch jegliche Trainingseinheiten müssen entfallen. Meine Grundfitness muss ausreichen! Ich werde versuchen mich auf meinen Körper zu verlassen, aufmerksam alle seine Signale zu beachten und mit meinen Kräften achtsam umzugehen.

Meine 'Pilgerstempel' hole ich mir auf dem Weg in den Hotels in Form von Rechnungen ab. Unterwegs halte ich an allen Kirchen und noch so kleinen Heiligenhäuschen entlang des Weges an und für ein kurzes Gebet inne. Das ist mein simpler Plan.

'Gott sieht alles', dessen bin ich mir sicher. Auch wenn ich vor ein paar Jahren aus der Kirche ausgetreten bin, an meinem Glauben hat sich nichts geändert, nur den Bodentruppen verweigere ich seit langem die Gefolgschaft.

Ich glaube auf meine Weise!

Eine gute Route muss jetzt her. Möglichst leicht und flach. Die Etappen werde ich entsprechend meiner Kräfte einteilen und die einzelnen Ziele flexibel halten. Doch irgendwie muss ich dabei auch über die Schwäbische Alb kommen. Das wird sicherlich neben der Gesamtdistanz meine größte Herausforderung werden.

Mit dem Auto ist das immer so schön einfach: Volltanken, auf die A3 fahren und Gas geben. Dabei mache ich mir auf der Strecke immer Gedanken über mögliche Staus, Ferienzeiten, Baustellen und Blitzer. Niemals vorher habe ich ernsthaft über die Höhenmeter, die auf dem langen Weg zu bewältigen sind nachgedacht.

Nach etwas Recherchearbeit im Internet ist bald ein viel versprechendes Navigationsprogramm für Radfahrer und Fußgänger Namens Komoot gefunden. Ich lade die App. Das Layout schaut gut aus und ist einfach in der Handhabung.

Das scheint zu mir zu passen! Zeit zum Testen habe ich bekanntlich nicht. Ich mache es wie bei jeder neuer Technik – ignoriere alle Manuals und vertraue, braunäugig wie ich bin, einfach auf die Technik, ihre Konstrukteure und dass sie funktionieren wird. Wird schon gut gehen...

Dieses Programm wird auf der Reise mein einziger Gesprächspartner sein und mir helfen sicher ans Ziel zu gelangen. Nach der Eingabe von Start- und Zielort, sowie der Wahl von "untrainiert" kommt ein erster Routenvorschlag für die Gesamtstrecke.

Okay..... da sind weit über 3000 Höhenmeter drin! Das ist erschreckend, daher probiere ich es noch einmal mit Logik und bin froh, damals in Erdkunde nicht geschlafen zu haben. Die Route durch den Westerwald parallel der A3 Richtung Süden zu radeln ist zwar kurz, doch definitiv zu schwierig für mich. Hier müssten gleich zu Anfang zu viele Höhenmeter überwunden werden und sicherlich würde mich das ziemlich demoralisieren und vermutlich zur Aufgabe bewegen.

Aus diesem Grund entscheide ich mich für eine Route entlang der Flüsse. Landschaftlich schön sollte sie sein, möglichst flach und ganz wichtig ist mir dabei mich nicht zu überfordern und sicher anzukommen!

Der Abend vergeht mit Gedanken über realistisch realisierbare Etappen. Mit der Eingabe einzelner Tagesetappen in der App komme ich der Sache langsam näher. So könnte es vielleicht klappen wenn ich nicht schlapp mache, keinen Unfall habe bzw. widrige Wetterverhältnisse mich aufhalten oder zum Abbruch zwingen.

Aus einem persönlichen Grund ist es mir wichtig Zuhause zu starten und die Ludwigshöhe am Chiemsee zu erreichen, einen der schönsten Plätze der Erde!

Ich möchte mit meiner psychischen Kraft etwas Entscheidendes bewegen und hoffe, dass es mir gelingt, meine physischen Kräfte tatsächlich zu mobilisieren. In spätestens zwei Wochen wird – so mein Plan – meine gebündelte Kraft für einen einzigen Wunsch ihr Ziel erreicht haben und ich werde glücklich auf der Ludwigshöhe sitzen.

Eine echte Hiobsbotschaft haut mich am nächsten Tag fast um. Die hakende Gangschaltung meines Rades ist beim Check am späten Nachmittag nicht mehr zu reparieren. Die zwei kleinen meiner nur 14 Gänge werden auch weiterhin immer springen und mir bei Anstiegen das Leben schwer machen.

Was mache ich jetzt? Nur für diese Tour ein neues Rad kaufen, obwohl dieses eigentlich gut ist? Muss es das perfekte Rad sein, oder kann man sich darauf einstellen? Sollte ich mich davon jetzt noch aufhalten lassen? Kopf in den Sand stecken war noch nie mein Ding. Ich wäre nicht ich, wenn mich das jetzt aufhalten könnte! Und für Notfall hab ich ja meine Kreditkarte dabei.

Mit dem Wissen, dass es gerade am Berg immer mit der Schaltung schwer werden wird, fahre ich zurück nach Hause. Kurz melden sich nochmals kleine Zweifel, die ich aber schnell überwältigen und zur Ruhe zwingen kann.

Eine Bergziege bin ich wahrlich nicht und es wird auch keine mehr aus mir werden, das ist mir schon seit Jahren klar. Ich erinnere mich an eine schöne Fahrradtour mit meiner Schwester und unseren Männern vor fast zwanzig Jahren. Das wird eine schöne und entspannte Runde von rund 60 km durch das Rheingau, dachten wir Mädels, bis wir direkt am Fuße des steilen Anstiegs nach Presberg fast stehend rückwärts vom Rad kippten. Unsere Männer schafften es ein paar hundert Meter weiter, bis auch sie pausieren mussten. Natürlich nur, um auf uns zu warten... Seitdem denke ich beim Radfahren dreidimensional.

Im Jahr 2012 habe ich mich dann, meiner Schwierigkeiten bewusst, im Ötztal auf eine eintägige Mountainbike-Tour eingelassen. Auf jeden Fall wollte ich es einmal ausprobieren. In einer Gruppe mit zwei Guides und neuestem Gerät ausgestattet ging es bei schwerstem Gewitter los. Von mir selbst überrascht, dass ich gestartet bin bei diesem Unwetter, war ich, nachdem ein paar Teilnehmer unterwegs auf Grund der Witterungsbedingungen und Steigungen schon aufgegeben hatten, mit Abstand die letzte, die am Bergsee ankam. Alle Mitfahrer, auch mein damaliger Freund, saßen in der Hütte und hatten bei meiner Ankunft schon fast die Getränke geleert.

Mein Triumph war, den kompletten Anstieg geschafft zu haben ohne absteigen zu müssen. Die Zeit war egal. Einer der Guides hatte immer wieder mal nach mir geschaut, so wusste die Gruppe, dass ich noch nicht aufgegeben hatte.

Das Handtuch in meinem Rucksack war zum Glück trocken geblieben, so konnte ich bei meiner Ankunft sofort in den Bergsee springen um mich dann, bei eiskalten Außentemperaturen, wieder als Gruppenletzte über schmale Geröllpfade im Schneckentempo downhill zu stürzen. Abgesehen davon, dass ich quasi den ganzen Tag einsam ohne Gruppe geradelt bin, und es dabei ununterbrochen wie aus Kübeln geregnet hat, war es eine gute Erfahrung. Ich habe durchgehalten – wenn auch ganz allein!

Die Liste meiner mehrtägigen Radtouren ist ebenfalls überschaubar. Ganz genau betrachtet beschränkt sie sich auf eine fünftägige Reise entlang der Mosel.

Damals habe ich mich für das bereits im Ruhestand befindliche Mountainbike meiner Mutter entschieden. Dass es mir zu klein war, stellte ich erst unterwegs fest, nachdem ich selbst durch mehrfaches Justieren des Sattels keine angenehme Sitzposition finden konnte. Allerdings war dies zu verschmerzen, da außer meinem eigenen Gewicht und einem kleinen Rucksack mit Süßigkeiten, Kulturbeutel, High Heels und dem kleinen Schwarzen für den Abend nichts bewegt werden musste. Der Hundetrolley mit einem Kilo Karotten als Hundesnack für zwischendurch, Hundefutter für eine Woche und einem Satz Fahrradkleidung zum Wechseln hing am Fahrrad meines Freundes. Ein angenehmer Nebeneffekt dieser Gepäckverteilung war, dass er auf ein für mich angenehmes Tempo von rd. 20 Km/h gebremst wurde und mir nicht wieder dauerhaft davon radeln konnte.

Auf der Ebene und schön geteerten Radwegen fühle ich mich definitiv am wohlsten zumal die Reise nun mit relativ schwerem Gepäck sein wird. Mein Entschluss, mit dem bekannten Mangel meines eigenen Rades zu starten und notfalls ein paar Hügel mehr zu schieben als ich von vorne herein eingeplant habe, steht fest. Wer will's denn schon „perfekt"?

Einen Ersatzschlauch wird noch eingepackt, dazu die winzige Satteltasche mit dem Fahrradwerkzeug für alle Fälle und gut ist. Noch niemals musste ich unterwegs mein Fahrrad reparieren, daher gebe ich mich der Hoffnung hin, dass diese Glückssträhne in den kommenden zwei Wochen nicht abreißt. Und wenn doch? Was kann mir denn schon passieren? Schließlich bewege ich mich ausschließlich in Deutschland, da sollte in jedem ordentlichen Ort ein Fahrradladen oder Hilfe zu finden sein.

Wenn ich mich morgen früh gut fühle, geht es endlich los! Der Abend ist sehr warm, ich bin jetzt schon ein wenig nervös. Endlich im Bett liegend gehen mir die Vorbehalte meiner Mutter durch den Kopf und führen zusammen mit meinen stillen Zweifel noch eine Weile heftige Diskussionen mit meinem Optimismus. Ich lösche sie mit einem kühlen Glas Sauvignon Blanc ab - dann schlafe ich endlich ein.

Der Samstagmorgen beginnt mit einem grippig-schlappen Gefühl. Ich versuche gar nicht erst meinen inneren Schweinehund aus dem Bett zu bewegen. Heute bleibe ich noch zuhause. Nix muss – alles kann. Der Tag wird komplett im Garten gechillt, ich widme mich ganz meinem Hund und genieße die Sonne in meinem neu erstandenen antiken Deckchair.

Morgen möchte ich auf jeden Fall fit sein und zeitig starten, denn das Ende meines Urlaubs steht fest.

Vor mir liegt eine sehr spannende und ereignisreiche Zeit. Das wird ein kleines Abenteuer mit ungewissem Ausgang. Bei den Vorbereitungen schauen mir meine Eltern noch immer etwas ungläubig zu. Meine Mutter hält mein Vorhaben für verrückt und gefährlich und zögert nicht ihrer Sorge nochmals Ausdruck zu verleihen. Meine Freunde halten sich lächelnd zurück. Die Frage, was sie über meinen Trip denken, erspare ich mir. Weitere ausgesprochene Zweifel würden mich sowieso nicht stoppen können und höchstens ein paar Ecken von meinem Optimismus abknabbern.

Mein einziger Wermutstropfen ist, dass ich meinen liebsten Freund zuhause lassen muss. Eine solche Pilgerreise ist nichts für einen Hund, zumal bei diesen Temperaturen und den geplanten Tageskilometern. Er kann mit seinen fast sieben Jahren diese Strecke nicht in meinem geplanten Tempo nebenher laufen und ich ihn leider nicht im Hundeanhänger ziehen. Das wären insgesamt nochmals rund 50 kg Extragewicht für mich.

Tag 1   **Sonntag, 08. Juni 2014**

Es ist Pfingstsonntag, der Wetterbericht verkündet wahres Traumwetter: „wolkenlos" und Temperaturen zwischen 35 und 40 Grad im Schatten! Prima Aussichten für sportliche Aktivitäten im Freien....

Davon lasse ich mich jetzt nicht weiter beeindrucken. Frisch und gut ausgeschlafen lasse ich mir reichlich Zeit fürs Frühstück. Niemand drängt mich. Ich habe ein grobes Ziel vor Augen und auf feste Buchungen ganz bewusst verzichtet um nicht zeitlich unter Druck zu geraten. Auf keinen Fall muss ich nicht unter der Brücke schlafen, das ist mal sicher!

Meine kleine Reisetasche befestige ich auf meinem neuen, ultraleichten Gepäckträger, mein Iphone auf der in letzter Sekunde dafür noch gekauften Halterung am Lenker und mit dem Rucksack auf dem Rücken geht's voller Enthusiasmus los. Es ist mittlerweile fast 10 Uhr und die Sonne brennt bereits gnadenlos. Doch ab jetzt gibt es kein Zurück mehr, keine Ausrede. Was vergessen wurde muss zugekauft werden.

Nach dem Start zuhause in Koblenz habe ich erst einmal eine mir sehr vertraute Landschaft vor mir. Eine meiner klassischen Cabrio Touren für einen Sommer-Sonntag schaut in der Regel so aus: links in der Vormittagssonne das Mittelrheintal von Koblenz bis Bingen entlang cruisen, dort mit der Fähre nach Rüdesheim übersetzen und nach einem Kaffee auf der anderen Seite wieder die Rheinschleifen in der Nachmittagssonne zurückfahren. Das ist jedes Mal ganz traumhaft auch wenn man nie allein auf der Straße ist. Nun werde ich sie ganz neu erleben: langsamer, näher, intensiver.

Das Obere Mittelrheintal im Weltkulturerbe ist einer der schönsten Teilstrecken des Rheins. Ich habe die linksrheinische Seite gewählt. Es gibt hinter jeder Rheinschleife etwas Wunderbares zu entdecken.

Schloss Stolzenfels liegt als erstes auf meiner Route. Es thront malerisch am Hang hoch über dem Rhein und ist auf jeden Fall einen Besuch wert. Ursprünglich im 13. Jahrhundert als Hangburg erbaut wurde es gut 200 Jahre als Zollburg genutzt. Nach der Zerstörung durch die Franzosen im 17. Jahrhundert verfielen die Ruinen über rund 150 Jahre. Erst im 19. Jahrhundert wurde durch Friedrich Wilhelm IV. die Anlage unter Mitwirkung von Karl Friedrich Schinkel als klassizistisches Schloss wieder aufgebaut. Die Innenausstattung glänzt noch heute mit wertvollen mittelalterlichen Möbeln und Gemälden. Der wundervolle, das Schloss umgebende Landschafts- und Jagdpark sowie die Gärten bieten viele Aussichts- und Ruheplätze. Die Anlage gilt als einer der Hauptwerke des Gartenbaumeisters Peter Joseph Lenné.

Fast gegenüber, mit Blick auf die Lahnmündung, liegt die noch im Privatbesitz befindliche und bewohnte Burg Lahneck. Schon wenige Kilometer weiter, oberhalb von Braubach erhebt sich majestätisch die Marksburg über den Ort. Diese aus dem 12. Jahrhundert stammende und bis heute unzerstörte Höhenburg erhebt sich 160m hoch auf einem Schieferkegel über Braubach. Die authentisch erhaltene, mittelalterliche Anlage ist als Burgmuseum zur Besichtigung freigegeben.

Zumeist sind die Fahrradwege ausgeschildert, die sich jedoch in kurzen Teilstücken, wie z.B. hinter dem Rhenser Brunnen in nichts auflösen und eher an die berühmtberüchtigte Strecke "Paris-Roubay" mit ihrem Kopfsteinpflaster erinnern. Schnell stelle ich fest, dass ich alles andere als die perfekte Bereifung habe für meine gerade gestartete Tour und die dünnen Rennradreifen schwer leiden. Mein Po auch. Mich beschleichen erste Zweifel, dass mein Hinterteil bis zum Ende durchhält.

Kurz vor Boppard überhole ich auf dem mittlerweile gut ausgebauten Radweg direkt am Rheinufer die alte „Goethe". Es ist erstaunlich, dass dieser alte Schaufelraddampfer seit nunmehr über einhundert Jahren auf dem Rhein im Dienst ist. Bis vor sechs Jahren wurde der inzwischen auf Hydraulikantrieb umgebaute Dampfer noch von seiner originalen, denkmalgeschützten Dampfmaschine angetrieben und war der letzte original Schaufelraddampfer auf dem Rhein.

Inzwischen hat sich die Sprachsteuerung und Navigation von Komoot verabschiedet und zeichnet nur noch auf. Immerhin das tut sie noch! Da mir die Stecke so gut bekannt ist und selbst Ortsfremde sich im Rheintal nicht wirklich verfahren können, stört es mich jetzt nicht weiter. Ich entscheide es zu ignorieren und mir am Abend Gedanken über dieses Problem zu machen.

Die alte „Goethe" überhole ich kurz vor Boppard.

das erinnert mich an etwas..

Der weitere Streckenverlauf bietet jede Menge Sehenswürdigkeiten. Und es gibt Eis an jeder Ecke! Wahlweise am Stiel mit Schokoladenüberzug in Folie eingeschweißt oder in bunten Kugeln im Becher.

Bei einer dieser „eisigen" Pausen ist mir wohl das Hirn eingefroren und ich vergesse danach das Navi wieder zu starten. Das bemerke ich wenige Kilometer später und habe somit eine Rheinschleife nicht in der Aufzeichnung. Gut, 'der da oben' sieht, dass ich nicht geschummelt habe, das alleine zählt, also ist alles in Ordnung.

In St. Goar passiere ich die Burg Rheinfels, die nach der Festung Ehrenbreitstein in Koblenz größte Wehranlage im Mittelrheintal. Seit den 80er Jahren beherbergt die Burg das inzwischen in Privatbesitz befindliche „Romantik Hotel Schloss Rheinfels". Den besten Blick auf diese imposante Anlage hat man allerdings von der anderen Rheinseite.

Insgesamt sind entlang der Strecke beidseits des Rheins 18 Burgen und Schlösser zu sehen. Besonders hervorzuheben ist noch die Loreley, ein schroffer Felsen, der sich fast senkrecht über dem Rhein erhebt. Hier halte ich an zu einer Mittagsrast. So berühmt dieser Felsen und seine Geschichte in aller Welt ist - so unspektakulär präsentiert er sich.

Ich muss wieder Schatten suchen und kehre ein auf eine sonnengeschützte Terrasse. Außer mir sitzen hier noch einige überhitzte Motorradfahrer in ihren schwarzen Lederkombis. Sie schmoren im eigenen Saft, was ich mir bei den Temperaturen als nicht sehr angenehm vorstelle.

Dieses Lokal liegt direkt an der B9 vom Rhein nur getrennt durch eine Wiese. Schade, dass sich auf dieser Wiese ein Stellplatz für Wohnmobile befindet. Was für eine optische Umweltverschmutzung! Die Ästhetin in mir wird fast blind bei dem Anblick. Unwillkürlich assoziiere ich die 'Bettenburgen' am Mittelmeer! Mit Mittelrheinromantik hat das rein gar nichts mehr zu tun. Sieht so die Zukunft aus?

Während ich hier genüsslich mein Eis esse, sehe ich die „Goethe" rheinaufwärts wieder an mir vorbeiziehen. Sie hat, im Gegensatz zu mir, einen festen Terminplan.

Als weitere Sehenswürdigkeit ist kurz hinter der Loreley die Burg Pfalzgrafenstein, auch "Pfalz bei Kaub" genannt, hervorzuheben. Diese Inselburg mitten im Rhein wurde zur Einnahme des Schiffszolls errichtet. Kaum zu glauben, dass erst zum Ende des 19. Jahrhunderts die letzten Zollbeamten die Insel verlassen haben. Sie ist die am niedrigsten gelegene Wehranlage am Mittelrhein und wurde, im Gegensatz zu den meisten anderen Burgen im Rheintal, nie zu Wohnzwecken genutzt. Neben der Marksburg und der Kurfürstlichen Burg in Boppard ist sie eine der wenigen unzerstörten und kaum veränderten Burgen im oberen Mittelrheintal.

An den vielen kleinen Rheinstränden an beiden Ufern ist jede Menge los. Großfamilien sitzen im Kreis und grillen. Gleich ums Eck baden die Menschen an diesem hochsommerlichen Tag. Das würde ich jetzt auch gern. Ich bin bereits ziemlich überhitzt und rette mich in jeden Schatten von Baum zu Baum. Auch scheine ich mittlerweile die einzige Verrückte zu sein, die sich bei diesen Temperaturen noch auf einem Fahrrad fortbewegt.

Bingen, mein geplantes Etappenziel ist nicht mehr weit. Ich passiere den Binger Mäuseturm und habe inzwischen bei einer weiteren, kleinen Rast ein Hotel in Rüdesheim gebucht. Zugegeben, ich bin nun sehr froh ein festes Ziel nah vor Augen zu haben und beende meine erste Etappe mit einer schönen Überfahrt über den Rhein. Die Fähren im Rheintal mag ich sehr und freue mich mal wieder, den Blick auf das Niederwalddenkmal, das hoch über den Weinbergen bei Rüdesheim zu sehen ist, genießen zu können.

Kein einziger Windzug ist zu spüren, nur das Wasser gibt an diesem hochsommerlichen Spätnachmittag etwas Kühle ab. Angekommen in Rüdesheim schiebe ich mein „Reisemobil" von der Fähre durch den sonntäglichen Stau von Cabrios und Motorrädern auf der B42 und gleich im Anschluss durch die Massen von asiatischen Touristen in den Gassen des weltweit bekannten Touristenortes.

Ich bin total platt und kann kaum laufen. Sicher erinnert mein Gang an den von John Wayne nach einem tagelangen Viehtrieb. Egal, nun freue mich erst einmal auf eine ausgiebige, warme Dusche und die Ruhe meines Zimmers.

Als ich vor dem Hotel mein Navi stoppe, stelle ich mit Erschrecken fest, dass ich auf stolze 52 Stunden für rd. 70 Km in der Aufzeichnung gekommen bin, denn es hat seit der allerersten Planung der Route vor zwei Tagen durchgehend die Zeit gemessen. Nachträglich ändern lässt sich das nicht.

Gut, nun habe ich also gleich schon den nächsten Schönheitsfehler in meiner Komoot-Aufzeichnung, mit dem ich fortan leben muss. Vermutlich wird es nicht der letzte bleiben.

Das winzige Einzelzimmer im Gästehaus unterm Dach ist erstaunlich kühl und es ist gut, dass ich so schlank bin, sonst wäre das Mini-Duschbad ein echtes Problem. Es ist sehr sauber, frisch renoviert und wirklich ruhig gelegen, das zählt, ich habe ja schließlich keinen Luxusurlaub geplant. Für eine Nacht allemal ausreichend. Ich ruhe etwas aus, entscheide mich für Shorts und Poloshirt und mache mich dann auf die Suche nach meinem Abendessen.

In den Gassen vergnügen sich inzwischen feierwütige Kegelbrüder und in den einschlägigen Tanzlokalen schwingen frisch getünchte Rentner das Tanzbein.

Abseits der Touristenströme finde ich einen netten Italiener und lasse mich dort nieder. Die lange Wartezeit und die „Einheimischen", die stapelweise Pizzakartons an mir vorbeitragen, lassen auf ein gutes Essen hoffen. Dem Umstand, dass ich alleine mein Abendessen einnehmen muss, kann ich heute ausnahmsweise etwas Positives abgewinnen. Ich nehme mir die drei Stuhlkissen der freien Plätze an meinem Tisch und bette meinen höllisch schmerzenden Po wie „Prinzessin auf der Erbse".

Nach einer großen Flasche Wasser, einem Glas kühlen Weißwein und meiner Lieblingspizza Parma/Rucola/Parmigiano mache ich, mit dem heutigen Tag mehr als zufrieden, noch einen Rundgang durchs nächtliche

Rüdesheim mit den einschlägig bekannten Tanzschuppen, beobachte die rüstigen Rentner beim Tanz und gehe ohne weitere Einkehr schnell zu meinem ruhigen Hotel.

Mit einem Glas Riesling setze ich mich noch auf die Gasse und halte einen kurzen Plausch mit der immer noch fleißigen Hotelbesitzerin. Der erste Tag ist geschafft. Meine Tagesleistung passt. So weit bin ich zuvor noch nie an einem Tag geradelt!

Jetzt ruft mich das Bett mit den frischen, kühlen Laken. Mein letzter Gedanke heute gilt dem Moment morgen früh, an dem mein Po wieder auf den Sattel trifft. Wird der Schmerz erträglich sein?

Etappe 1 Koblenz - Rüdesheim , 70 km gesamt 7,5 Std

Tour erstellt von **beauty of simplicity** am 08.06.14
http://www.komoot.de/tour/t3000297

| Fahrrad | 66,3 km Distanz | 52:17 Std Dauer | 140 m Höchster Punkt | -30 m Niedrigste Punkt | 270 m ↑ Bergauf | 310 m ↓ Bergab |

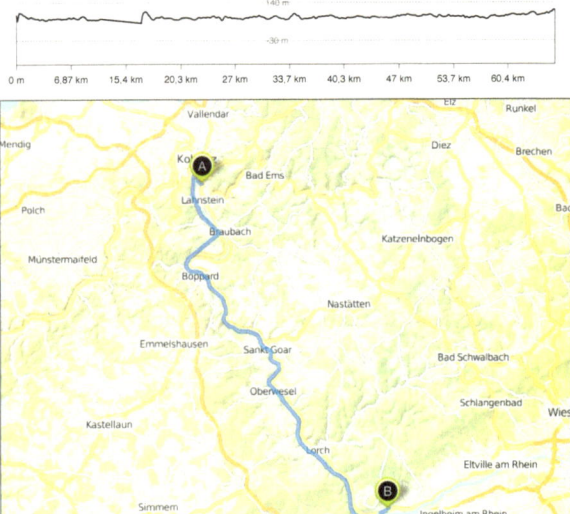

Tag 2   **Montag, 09. Juni 2014**

Auch heute am Pfingstmontag ist gnadenlos schönes Hochsommerwetter vorhergesagt. Ich vertraue weiter auf Gott und meine Kräfte, schlafe wieder gut aus und spare mir das Frühstück für 12 Euro zwischen den niederländischen Ruheständlern im Frühstücksraum. Nach einer Tasse Kaffee starte ich in meine Route gegen 9:30 Uhr. Irgendwo unterwegs wird sich sicherlich ein Croissant und ein Coffee-to-go finden lassen.

In Ermangelung von einladenden Hotels in Bingen hat sich gestern dieser kleine „Umweg" über Rüdesheim in meine Route eingeschlichen. Mit der Fähre geht es nun zurück auf die andere Rheinseite. Es ist windstill. Die Hitze so früh am Morgen wird einzig durch die kühlende Wirkung des Wassers etwas gemildert. Es wirkt vermutlich total verrückt, bei diesen Temperaturen und mit meinem schmerzenden Po, heute wieder zu starten. Aber ich habe ein Ziel, begrenzte

Zeit und dem Rest meines Körpers geht es erstaunlich gut.

In Bingen angekommen steht die Luft. Ich werde sogleich gut durchgeschüttelt, denn die Radwege hier sind durchweg gepflastert. Mein Po meutert, doch auf ihn kann ich keine Rücksicht nehmen. Ich hoffe darauf, dass ich den Schmerz bald einfach ignorieren kann.

Ein Stück des Weges führt mich entlang der Nahe. Dann verweigert die App wieder die Navigation mit Sprachsteuerung und ich improvisiere.

Keine Frage, die Strecke ist wirklich gut. Doch bei 40 Grad im Schatten, wenn es denn Schatten gäbe, mutterseelenallein am Pfingstmontag auf der Landstraße ist es echt elend und ich habe noch kein Frühstück bekommen. Normalerweise verlasse ich nie ohne eine Scheibe Toast mit Nutella das Haus.

Die Sonne brennt vom Himmel. Kilometerweit ist kein Baum zu sehen. Die langen Geraden erscheinen endlos und es geht stetig bergauf. Es gibt hier nur den Asphalt der Landstraße und seitlich die Weinstöcke. Bei kurzen Stopps gebe ich mich jeweils mit dem spärlichen Schatten eines Weinstocks zufrieden und arbeite mich so von Weinberg zu Weinberg weiter vor in die Rheinhessische Hochebene.

Auch am zweiten Tag hat die Sonne kein Erbarmen mit mir. Doch es kommt noch schlimmer, denn heute gibt es auf dem Weg keine Eisdiele weit und breit. Kein Café und keine Tankstelle und sämtliche Ortschaften sind wie ausgestorben. Es gibt bei meinem langsamen Tempo nicht mal Gegenwind zur Kühlung! Immer öfter halte ich an, kauere mich erschöpft in den Schatten einer Mauer oder lehne mich zur Kühlung an eine Hauswand. Inzwischen schon über zwei Stunden unterwegs, bin ich total fertig, habe noch immer nichts gefrühstückt und tierischen Durst.

Am Mittag passiere ich rechts Ober-Hilbersheim. Ich entschließe mich spontan einen seitlichen Abstecher von meiner Route zu machen um dort im Ort auf Nahrungssuche zu gehen. Es geht abwärts und ich behalte im Hinterkopf dass ich nachher wieder hier hochstrampeln muss. Angesichts der Tatsache, dass ich ohne Verpflegung nicht mehr weiter radeln kann, gibt es jedoch keine Alternative. Wenn es hier nichts gibt muss ich umkehren. Nach einer ganzen Runde durch den Ort treffe ich auf einen älteren Mann, der im Garten arbeitet. Er kann mir endlich den Weg zu einer geöffneten Gaststätte weisen und ich bekomme mein Frühstück/Mittagessen.

Den großen Salatteller lasse ich mir schmecken, trinke zwei Liter Traubensaftschorle und fülle meine Trinkflasche wieder mit Wasser auf. Frisch gestärkt und frohen Mutes radle ich bergauf, zurück auf meine Route.

Der Weg führt mich teilweise über geschotterte Feldwege und ich erinnere mich dabei an meine Reise durch Algerien zu Beginn meines Studiums. Es war extrem heiß, alle Häuser waren verschlossen nur Tiere waren auf den Schotterpisten unterwegs. Hier sind nicht mal die Tiere draußen. Um mich herum flirrende Hitze, weicher Asphalt und weit und breit keine Menschen vor der Hütte zu sehen. Meine Wasserflasche ist schon wieder eine ganze Weile leer. Hoffentlich komme ich wenigstens bald an einem Brunnen vorbei.

Was machen alle Einwohner Rheinhessens heute? Sitzen alle im Keller und spielen Videogames? Oder sind alle gemeinsam im Bus unterwegs in den Süden? Ich könnte es glatt verstehen denn hier gibt es nicht mal Eis.

Hier oben habe ich einen beeindruckenden Weitblick. Zurück blickend sehe ich, wo ich heute gestartet bin. Es schaut unendlich weit aus, doch es ist nicht einmal ein Drittel der heutigen Etappe geschafft.

Die Fähre in Rüdesheim

.....da oben mittig vom Horizont komme ich her

Irgendwann, keine Ahnung wie oft ich inzwischen abgestiegen bin und mein Rad Hügel hinauf geschoben habe, macht sich ein merkwürdig flappendes Geräusch bemerkbar. Es dauert ein wenig bis ich das Geräusch mit meinem Fahrrad in Verbindung bringe und lokalisiere.

Sch…, der Hinterreifen ist komplett platt! Das hat mir gerade noch gefehlt! Mein Versuch den Reifen auszubauen scheitert, da der Schnellspanner irgendwie verklemmt ist. In mir steigt Verzweiflung auf. Mir ist unglaublich heiß und es gibt keinen Schatten weit und breit.

Ein simpler Plan steht schnell fest: ignorieren und einfach weiterradeln. Mein Gesicht brennt, ich verglühe förmlich und nicht einmal mein Angstschweiß kann das kühlen. Auf der Felge erreiche ich so den nächsten Ort. Spiesheim.

Vor meinem geistigen Auge sehe ich einen Rasensprenger, der literweise Wasser durch die flirrende Luft wirbelt. Jetzt würde ich glatt über jeden Zaun klettern für eine Erfrischung! Es bleibt leider ein Wunschtraum. Auch hier sind keine Menschen auf der Straße zu sehen, alle Rollläden geschlossen, keine spielenden Kinder, Hunde, Fahrräder oder fahrende Autos weit und breit.

So schiebe ich verzweifelt mein Rad an einen Platz mit einer Bushaltestelle. Natürlich scheint, wie könnte es anders sein, die Sonne genau in diesen Unterstand hinein. Seitlich davon ist jedoch ein winzig kleiner Fleck Schatten. Hier versuche ich erneut mein Glück. Wieder muss meine Tasche vom Gepäckträger, das Handy aus der Halterung und die Werkzeugtasche herausgenommen werden. Da steht nun zum zweiten Mal das Rad auf dem Kopf und ich versuche den platten Reifen aus dem Rahmen zu lösen, um den Schlauch zu wechseln.

Es ist nichts zu machen, der Schnellspanner klemmt beharrlich. In mir steigen Wut und Verzweiflung hoch. So eine Menschenleere gibt es doch nur im Film! Ist schon einmal jemand in einem bewohnten Ort in Deutschland verdurstet? Schreibe ich etwa gerade Geschichte mitten in der Zivilisation?

Während sich die wirren Gedanken in meinem Kopf ausbreiten biegt ein Geländewagen um die Ecke und fährt genau auf mich zu. Hab ich jetzt Halluzinationen, oder kommt da wirklich jemand um einen Brief in den Gelben Kasten hinter mir einzuwerfen?

Tatsächlich steigt ein Mensch aus und ich bin der Deutschen Post auf der Stelle sehr dankbar, dass sie vor ein paar Jahren die

Briefkästen so drastisch reduziert hat. Man muss sie stundenlang suchen und die Wege dorthin, auf Grund der größeren Entfernungen, mit dem Auto zurücklegen.

Mein „Retter" wirft den Brief ein und fährt von dannen. Nach fünf Minuten kommt der gleiche Wagen wieder die Straße hoch gefahren. Die Scheibe fährt herunter und der Fahrer reicht grinsend eine Flasche Wasser heraus. Dann schlägt er mir vor, das Rad ein Stück hinunter in den Ort zu schieben, durch seinen Hof in die kühle, schattige Scheune, um dort erst einmal meinen Körper herunter zu kühlen und auf ihn und seine Hilfe zu warten. Das lasse ich mir nicht zweimal sagen. Sofort schnalle ich mein Gepäck auf Rad und Rücken und schiebe los.

Die Scheune ist wunderbar, das kühle Wasser füllt meinen leeren Tank wieder auf und weckt meine Lebensgeister.

Als der freundliche Retter zurückkehrt habe ich fast wieder Normaltemperatur, und die Gewissheit, dass das auf jeden Fall eine Geschichte wird: nämlich meine eigene. Ich werde ein Reisetagebuch schreiben über das, was ich auf meinem Weg erlebe!

Der Schnellspanner gibt seinen Widerstand auf und der defekte Schlauch ist flott wechselt. Wir unterhalten uns noch kurz über mein Vorhaben, dann setze ich meinen Weg fort. Schließlich sind es bis zu meinem Etappenziel Worms noch knapp 40 km. Jetzt schon eine Herberge zu suchen erscheint mir angesichts der Entfernung und meiner Konstitution zu riskant. Zwanzig Kilometer will ich erst einmal noch schaffen.

Auch in den nächsten beiden Ortschaften sind alle Rollläden unten, keine Eisdiele, kein Café, keine Tankstelle. Was machen die Menschen hier nur? Es ist Feiertag. Müssen die tatsächlich für ein Eis oder einen Kaffee bis Worms fahren?

In Gau-Odernheim ist der heutige „Olymp" mit 600m erreicht. Schon wieder bin ich total am Ende und stelle mich kurz in jeden noch so kleinen Schatten. Ob ich heute noch mein geplantes Ziel erreichen kann? Die Sonne brennt brutal. Langsam erreiche ich Dittelsheim-Heßloch. Als ich den ersten Ortsteil Dittelsheim durchquert habe, verlassen mich vollkommen meine Kräfte und ebenfalls die Hoffnung hier in der Dürre weitere Überlebende zu finden.

Es ist mittlerweile 18 Uhr, ich hatte seit Mittag außer meiner Nachthupferl-Minitüte Gummibärchen aus dem Hotel nichts mehr zu essen und die Wasserflasche ist schon lange wieder leer. Wie blöd kann ein Mensch sein mit nur einer Trinkflasche in so ein Abenteuer zu starten? Bei diesen Temperaturen ist ein Liter wie ein Tropfen auf den heißen Stein!

Wieder ein Ort ohne sichtbares Leben! Ich radle im Schneckentempo weiter, mal sehen wie lange ich das noch durchhalte bis ich kraftlos vom Rad kippe.

Im zweiten Teil des Ortes namens Heßloch sehe ich nach einer Kurve in der Ferne endlich geöffnete rote Sonnenschirme leuchten. Jetzt gebe ich noch mal alles. Es ist ein Italiener! Die Tische unter den Sonnenschirmen sind besetzt, also gibt's da etwas.

Am Rande der Sonnenschirme setze ich mich in die Hitze an den letzten freien Tisch. Endlich! Die gerade servierte große Flasche Wasser und den Apfelsaft trinke ich sofort leer bevor die Flüssigkeit in der Sonne verdunsten kann. Niemals zuvor hatte ich solchen Durst. Heute habe ich eine kleine Ahnung davon bekommen, wie es sich anfühlen muss zu verdursten.

Im Internet buche ich, beim Warten auf meine Pizza, mein nächstes Etappenziel. Worms fällt aus, denn es ist nicht ein einziges, einladendes Hotel in dieser Stadt in den einschlägigen Internetportalen zu finden! Stattdessen springt mir in der Nähe ein sehr schönes, ganz neu eröffnetes Gästehaus in Osthofen ins Auge und die Freude wächst, bald in einem heimeligen Zimmer ankommen zu können. Bis dahin sind es noch knapp 10 km. Das traue ich mir nun wieder zu. Wie gestern haben auch heute die Gastgeber in meiner Online-Buchung erfahren, dass ich mit dem Fahrrad anreise. Kaum habe ich meine Pizza gegessen klingelt mein Telefon und eine sympathische Stimme teilt mir mit, dass heute im Gästehaus ein Barbecue stattfindet und ich herzlich eingeladen bin daran teilzunehmen. So eine freudige Überraschung! Mit der Gewissheit, dass ich heute auf jeden Fall nicht hungern muss, radle ich frisch gestärkt los und kann kurz darauf auch schon wieder absteigen. Diese lang gezogene Steigung auf der Landstraße schaffe ich heute doch nicht mehr. Einen Radweg gibt es hier nicht.

Während ich mit rasant schwindenden Kräften so vor mich hin schiebe, hoffend, in der gefährlichen Kurve nicht von entgegenkommenden PKW erfasst zu werden, erklingt hinter mir plötzlich Musik. Die Musik kommt schnell näher, wird lauter. Schlager! Hab ich ein Glück… Helene Fischer trällert „Atemlos". Mir bleibt heute wirklich nichts erspart! Es ist älterer Radfahrer, der da locker flockig den Berg hinaufgeschwebt kommt. Er ist nicht ein bisschen verschwitzt, schaut aus wie ein Quartalssäufer, hat keine Muskeln, ein Standardrad und ich frage mich, wie der das macht. Triumphierend schaut er stur geradeaus und würdigt mich keines Blickes. Das Ganze ist total grotesk!

Doch kurz bevor er hinter der Kurve verschwindet entdecke ich den unter dem Fahrradschalenkoffer versteckten Akku. Der „Fund" bringt mich zum Lachen und so überwinde ich fröhlich noch die letzten Meter bis zum Plateau. Es ist ein schönes Gefühl das alles aus eigener Kraft zu schaffen!

Hinter Bechtsheim winkt auch schon meine Belohnung für den Anstieg in Form einer schönen, lang gestreckten und kühlenden Abfahrt.

Im Gästehaus Steinmühle werde ich bereits erwartet und ganz herzlich von der Inhaberin empfangen. Sie zeigt mir nach meinem Zimmer direkt den Weg zum Barbecue. Das nehme ich dankend an! Von oben höre ich bereits Lounge-Musik und fröhliche Stimmen und freue mich auf den Abend.

Mann, schau ich fertig aus! Verschwitzt und mit hochrotem Gesicht verschwinde ich in der schönen, großen Dusche. Nach einer ziemlichen Wasserschlacht und anschließender Salbung springe ich in meine Shorts, Polo und verwandle mich langsam in einen tageslichttauglichen Menschen. Auf der gemütlichen Dachterrasse angekommen, genieße ich den schönen Blick über die Dächer des Ortes und kann mit sehr netten Gästen und der Inhaberin den lauen Sommerabend bei ein paar Cocktails bis tief in die Nacht ausklingen lassen.

So wunderbar versöhnt mit dem langen Tag und den schier unmenschlichen Strapazen ziehe ich mich am frühen Morgen hundemüde in mein großes, kühles Zimmer zurück um endlich die Beine wieder hochzulegen. Glücklich nehme ich mein Ipad und beginne – wie heute spontan beschlossen – meine Erlebnisse von gestern und heute aufzuschreiben. Es ist wirklich erstaunlich was ich in 2 Tagen alles geschafft habe. Viel mehr, als ich mir selbst jemals zugetraut hätte! Müde und zufrieden schlafe ich bald ein.

Eine herrliche Nacht!

Etappe 2 Rüdesheim - Osthofen

Tour erstellt von **beauty of simplicity** am 09.06.14
http://www.komoot.de/tour/t3016485

🚴 Fahrrad	66 km Distanz	11:13 Std Dauer	610 m Höchster Punkt	60 m Niedrigste Punkt	1.130 m ↑ Bergauf	1.100 m ↓ Bergab

42

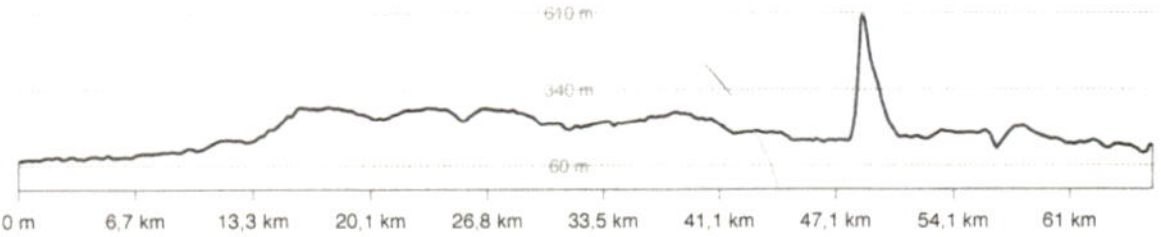

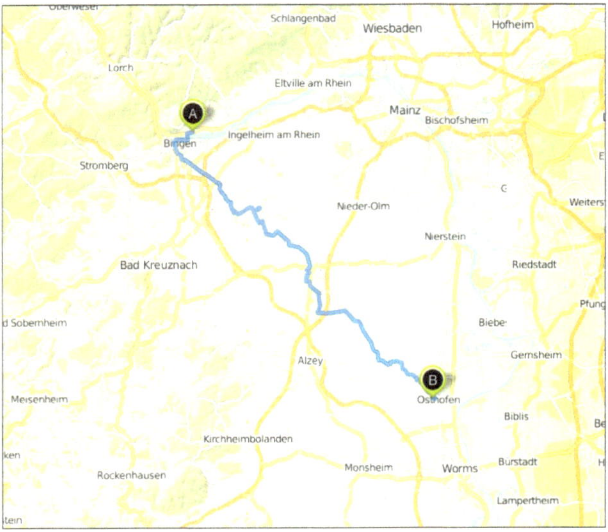

Tag 3   **Dienstag, 10. Juni 2014**

Ich habe wunderbar geschlafen. Nach einem sehr guten Frühstück starte ich frisch in den 3. Tag. Meine heutige Etappe soll in Heidelberg enden. Im Navi schaue ich mir noch einmal den Verlauf der gestrigen Route an. Es ist unfassbar, das waren tatsächlich über 1100 Höhenmeter! Fast die Hälfte der Höhenmeter der gesamten Strecke! Mir schwant, dass ich mir gestern mangels funktionierender Navigation doch einige Extra-Steigungen gegönnt habe.

Heute ist es eher bedeckt. Hoffentlich gibt es keinen Regen. Das wäre echt blöd, da ich doch eine „Schönwettersportlerin" bin. Bei schlechtem Wetter mutiere ich in der Regel zum Couch-Potato, was ich mir allerdings mit dem festen Ziel vor Augen nicht leisten kann!
Meine Panikattacke vom Vortag ist bereits komplett vergessen als mir beim Beladen meines Rades unvermittelt der Plattfuß auffällt. Das gibt es doch nicht zweimal hin-

tereinander! Was hat dieses Hinterrad nur gegen mich? Gestern, als ich mein Rad im Hof abgestellt und angekettet habe, war noch keine „Luftarmut" zu entdecken. Welchen Grund für diese Panne mag es heute geben? Entdecken kann ich nichts und so wird mir im Gästehaus der Weg zum nächsten Fahrradladen beschrieben. Alles wird gut! Ich bin froh noch eine der drei mitgenommenen Druckluftkartuschen übrig zu haben, jage die Luft in den Schlauch und radle flott los.

Der freundliche Fahrrad- u. Rasenmäher-Fachmann im Nachbarort wechselt mir in seiner Werkstatt den Schlauch, ich lasse mein letztes Bargeld da und kann weiterfahren.
Am Rheinufer und durch Industriegebiete passiere ich Worms. Schön ist es hier nicht. Die Radwege sind sehr schlecht ausgeschildert und auch nicht immer vorhanden. Mal endet der Radweg in einer Sackgasse im Industriegelände, mal in einer Baustelle. Mir begegnen einige andere Tourenradler ebenfalls auf der Suche nach dem richtigen Weg und zwar gleich mehrfach. So erklärt sich wohl auch, wieso es hier so wenig Hotels gibt. Touristenfreundlich ist anders. Vielleicht tue ich der Stadt ja unrecht, aber ich entschließe mich auf schnellstem Weg hier über

den Rhein zu entfliehen. Sollen doch andere die Schönheit der Stadt suchen!

Es ist fast kühl, der Himmel stark bewölkt. Jetzt kommt das, extra vor der Abreise zuhause gekaufte, "Regen-Hauszelt" für eine kurze Zeit zum Einsatz. Super! Es hält warm und schützt mich bis über die Knie vor Regen und Wind.

Auf der anderen Rheinseite bin ich wieder allein auf den Radwegen. Am Rheinufer treffe ich ein paar Hundebesitzer auf Ihrer täglichen „Gassi-Runde" und muss an meinen Hund denken. Zuhause würde ich jetzt auch eine Arbeitspause einlegen und mit ihm eine kurze Runde drehen.

Wenige Kilometer später kann ich mein Regencape bereits wieder auf meiner Tasche verstauen. Die Luft ist feucht, doch die Temperatur ist noch sehr angenehm.

In Lampertheim wird mir bewusst, dass ich seit der Reparatur am Morgen ohne Bargeld unterwegs bin und ich halte Aussicht nach einem Automaten des Großbankenverbundes. Noch bevor ich fündig werde, fällt mir eine kleine Konditorei ins Auge, die ein kleines Hinweisschild auf Eis draußen in der Fußgängerzone aufgestellt hat. Es ist zwar erst kurz vor Mittag, aber wieso sollte es nicht mal ein vorgezogenes Mittagessen geben? Da ich gestern um meine Eisration komplett betrogen wurde, kann ein Extra-Eis heute gar nicht schaden. Das habe ich mir wahrlich hart verdient. Ich merke mir den Platz und lasse mich, nachdem ich wieder flüssig bin, draußen vor der Türe für ein Weilchen nieder.

So unspektakulär dieses Eis auch ausschaut, es ist sensationell gut! Ich hätte die gleiche Portion glatt noch mal bestellen können. Wenn ich noch einmal beruflich in diese Gegend komme, fahre ich einen Umweg für dieses Eis und lege hier eine Pause ein.

Das Konditoreneis in Lampertheim...

Bei jeder Pause schreibe ich nun kurze Notizen ins Tagebuch - so auch jetzt. Wie gut, dass ich mein kleines Ipad mitgenommen habe. So wird ihm jetzt, neben der Buchung von Zimmern und der Tageszeitung noch eine weitere Aufgabe zuteil.

Der weitere Weg führt mich am Rande eines Waldes entlang. Neun lange Kilometer geradeaus auf einer Schotterpiste Richtung Viernheim liegen nun vor mir. Links ein Waldstück, rechts eine Stromtrasse. Mich beschleicht ein mulmiges Gefühl, denn kürzlich habe ich noch abends "xy ungelöst" geschaut... hier würde mich niemand finden....

Ein dunkler Van, der ebenfalls von der Landstraße abgefahren war, ist zum Glück eben vor dem Wald links abgebogen. Ich gebe beunruhigt Gas und schaue mich ständig um.

Fast in der Mitte des "Nirgendwo" macht sich erneut das flappende Geräusch bemerkbar. Kein Zweifel, das ist der dritte Plattfuß hinten! Es sind zwei Stunden seit der Reparatur vergangen. Das kann doch kein Zufall sein? Der Reifenwechsel ist aussichtslos! Mein Unbehagen läuft zur Höchstform auf. Mittlerweile ist es wieder schwülheiß, sehr hohe Luftfeuchtigkeit nach dem Regen und bis Viernheim-Innenstadt sind es mindestens noch sechs Kilometer. Mich beschleicht eine Mischung aus Angst, Verzweiflung und Wut. Ich muss mich konzentrieren, es gibt immer eine Lösung und da ist ja noch meine gute Technik. Damit verweise ich die Panikattacke erst mal zurück in ihre Schranken!

Irgendwo auf der Lichtung neben den Strommasten finde ich endlich ein winziges Fleckchen mit Netzempfang und kann nach einem Taxiunternehmen googeln. Viernheim - 4711. Coole Nummer! Aber dann komme ich, kaum, dass sich am anderen Ende dieser Nummer jemand meldet, aus dem Staunen gar nicht mehr heraus. Das muss ein Scherz sein! Sicher wird hier gerade eine neue Folge der „versteckten Kamera" gedreht. Ich fordere ein Taxi an, schildere mein Problem und werde von der weiblichen Stimme der „Taxizentrale", nach Rücksprache mit Ihrem Chef, belehrt, dass sie zwar mich befördern können, aber mein Rad im Wald stehen bleiben muss, weil es bei ihnen nicht versichert ist. Daraufhin erkläre ich ihr, dass niemanden von mir haftbar gemacht wird für meinen alten Drahtesel. Es ist aussichtslos und total unfaßbar zugleich. Nicht mal mit einer Verzichtserklärung kann sie dazu überredet werden ein Geschäft zu machen und mir ein Taxi zu senden. Weitere Nachfragen hinsichtlich anderer Möglichkeiten mich und mein Gepäck aus meiner Notsituation mitten im Nirgendwo zu retten und nach Viernheim zu holen werden verneint. Zur Krönung hängt die Dame am Telefon einfach ein! So stehe ich weiterhin allein im Wald, bin einerseits froh niemanden zu sehen, andererseits muss ich hier weg und zwar schleunigst!

Da es keine Hilfe gibt, muss jetzt wohl meine wunderschöne Campagnolo-Felge geopfert werden! Ich radle auf derselben ohne Luft weiter und träume den gesamten Weg von einer weich gefederten Sattelstütze. Um 14 Uhr erreiche ich so endlich Viernheim. Hier gibt's einen richtigen Fahrradladen. Und unweit, an der Straßenecke, entdecke ich eine Eisdiele für die Mittagspause danach. Begeisterung macht sich breit und mein Gaumen frohlockt schon!

Die Freude währt jedoch nur kurz, denn der Radhändler hat Mittagspause bis 14:30 Uhr. Na dann... ich bin doch flexibel... Also wird die Mittagsrast vorgezogen. Da habe ich jedoch die Rechnung ohne den italienischen Eismann gemacht, denn die Eisdiele hat ebenfalls bis 14:30 Uhr geschlossen. Wo gibt es denn so etwas? Mittagspause in der Eisdiele? Nach und nach versammeln sich immer mehr ungläubige Eisjunkies vor der verschlossenen Tür. Sind die alle fremd hier, oder hat der freundliche Italiener die Mittagspause nur eingebaut um die naive, pilgernde Großstädterin mal nett zu überraschen?

Wie dem auch sei, nach der Mittagspause wird mir im Radhaus Viernheim sehr kompetent und zuvorkommend geholfen.

Die schöne Felge hat glücklicherweise den harten Ritt heil überstanden. Der wahre "Übeltäter" wird vom Fachmann gefunden und endgültig repariert. Das alte, perforierte Band in der Felge hat alle meine Platten verursacht! So ein Sch...! Er setzt nun den dritten Schlauch innerhalb von zwei Tagen ein und kann mir für das Hinterrad, an Stelle meiner profillosen Rennbereifung, noch einen passenden Tourenreifen anbieten. Damit, versichert er mir, komme ich bis zum Chiemsee und auch zurück wenn es sein muss! Schade, dass er keinen zweiten passenden Mantel mehr vorrätig hat. Das Vorderrad wird zwar nicht so stark belastet, aber ich hätte ihm gern auch etwas Profil spendiert. Einen kurzen Blick werfe ich noch auf die neuesten, schicken E-Bikes in seinem Laden, aber mittlerweile bin ich ganz sicher für diese Art der Unterstützung noch viel zu jung zu sein und zudem jetzt auch noch ziemlich fit. Mit diesem guten Gefühl geht's nun wieder auf die Piste, jedoch nicht ohne noch in ein weiteres Eis in der Waffel zu investieren.

Es hätte nun alles so wunderbar entspannt sein können... doch am Himmel ziehen westlich richtig bedrohliche, tief schwarze Unwetterwolken auf. In Ladenburg stoße ich ans Ufer des Neckars und würde liebend gern dem Freibad, an dem ich gerade entlang radele, einen Besuch abstatten um mich zu erfrischen. Da der Himmel auch hier sehr beängstigend ausschaut und ich auf jeden Fall heute Heidelberg erreichen will, geht's jedoch gleich weiter. Schließlich habe ich für heute ein sehr schönes Hotel im Auge, das ich mich wegen der derzeitigen Wetterlage jetzt noch nicht zu buchen traue, denn bei Gewitter fahre ich keinen Meter weiter! Die Sonne nicht mehr so heiß vom Himmel brennt, so gebe ich jetzt mal richtig Gas auf den ebenen Wegen.

In der Trinkflasche ist schon wieder Ebbe. Dennoch lasse ich den schönen, einladenden Gasthof direkt am Neckar links liegen und verzichte auf eine Erfrischung, weil die Unwetterwolken mich bereits überholt haben. Das geht noch! Schließlich weiß ich ja inzwischen, was ich alles auszuhalten im Stande bin. Bald danach liegt auch schon Heidelberg vor mir. Auf den Wiesen entlang des Neckars chillen die Studenten und genießen den herrlichen Sommertag. Die Gewitterwolken interessieren hier niemanden!

Ich würde mich jetzt auch gern hier niederlassen, doch ich bin staubig, verschwitzt und freue mich auf eine Dusche. Also radle gleich ohne Rast und Umwege in die Altstadt und bekomme ein schönes, stylisches Zimmer im "Hip-Hotel". Herrlich!

Nachdem ich mich in meinem außergewöhnlichen Zimmer umgesehen und ausgebreitet habe, ist mein Entschluss gefasst, ich gehe nicht nur zum Essen aus. Heute gehe ich shoppen!

Geduscht und in meinem einzigen Kleid erobere ich Heidelberg auf der Suche nach „leichter Beute", denn jedes Gramm extra muss ja die Berge hoch gestrampelt oder geschoben werden.

Die Atmosphäre aus Studenten und Touristen ist ganz besonders in dieser Stadt. Es macht Spaß durch die Gassen zu laufen und die Entspanntheit zu genießen. Den Weg hoch zum Schloss erspare ich mir. Die Stadt ist voller asiatischer Touristen, kaum auszudenken wie es an dem Wahrzeichen aussehen mag - ist doch das Heidelberger Schloss ein Muss auf einer Europa-Reise auf dem Weg zwischen Paris, Rom, München und Berlin.

Meine Beine haben genug geleistet in den letzten Tagen. Nach einem guten Salat, zwei Litern Wasser und einem Glas Wein begebe ich mich in mein gemütliches Zimmer und lausche noch eine Weile dem regen Treiben in der Fußgängerzone. Diese Stadt lebt! Heidelberg ist ein schönes Etappenziel.

Meine „Shopping-Beute" und das Zimmer „Ottawa"

Etappe 3 Osthofen - Heidelberg

Tour erstellt von **beauty of simplicity** am 10.06.14
http://www.komoot.de/tour/t3021307

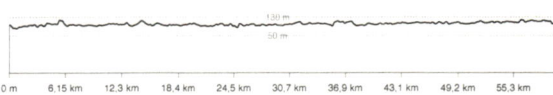

Fahrrad	60,7 km	08:09 Std	130 m	50 m	100 m	80 m
	Distanz	Dauer	Höchster Punkt	Niedrigste Punkt	↑ Bergauf	↓ Bergab

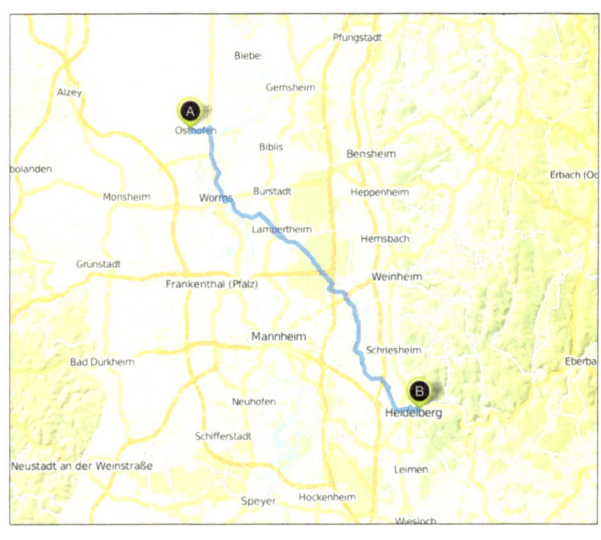

Tag 4   Mittwoch, 11. Juni 2014

Super erholt und ausgeschlafen finde ich es echt schade, dass ich schon wieder abreise. Das Zimmer "Ottawa" hat mir sehr gut gefallen. Irgendwann muss ich hierher noch einmal wiederkehren um andere Themenzimmer zu erkunden!

Meine heutige Route führt mich ein Stück weit entlang des Neckars. In Neckargemünd biege ich jedoch ab Richtung Sinsheim. Die Routen-Sprachsteuerung funktioniert heute erstaunlich gut. Auch bergauf, fast bis zum Ziel. Dennoch ist in Neckargemünd mehrfach der richtige Weg schwer zu finden. Ich schlage wieder einige Haken an Ecken, wo kein Radweg zu erkennen ist, stehe vor Treppen und schließlich vor einem für Radfahrer gesperrtem Tunnel.

Direkt hinter Neckargemünd kommt die erste Bergwertung, dann die nächste bei Mauer. Hier wollte Komoot mich „Untrainierte" partout über Gaiberg schicken mit rd. 400 Höhenmetern an einem Stück! Der Viernheimer Fahrradspezialist, der mich gestern so gut beraten hat, konnte mich gerade noch warnen, als ich ihm im Gespräch über meine Pilgerreise, die geplante Route in Komoot zeigte. „Das ist nur etwas für sehr gut trainierte Radfahrer, und mit Ihrem Rad geht das gar nicht!"

Heute verzichte ich bewusst darauf, Komoot während der Pausen zu stoppen, um zu testen, ob die Navigation und Sprachsteuerung dann wenigstens stabil bleibt.

In Meckesheim bin ich erledigt und flüchte vor der Sonne in eine Bahnhofstrinkhalle. Es riecht nach Bier und Zigaretten. Die Anwesenden mustern mich mit erstaunten Blicken. Egal! Hier lade ich meine Akkus wieder auf mit einer großen Flasche Wasser und einen großen Apfelsaft. Auch das Iphone-Akku muss ich aufladen, damit ich später, für die letzten Stunden noch mein externes Ladegerät nutzen kann, das ich mir noch vor der Abreise im Tchibo-Shop gekauft habe. Das war mal eine echt gute Investition!

Da zwecks Stromzufuhr die Pause etwas länger ausfällt, nutze ich diese Zeit und buche mir jetzt auch schon meine Bleibe in Heilbronn. In Anbetracht der Auswahl und Preise fällt meine Wahl auf ein einfaches Gästehaus ohne Frühstück. Sauber und sicher soll es sein. Ansonsten bin ich flexibel.

Hip und romantisch hatte ich in den vergangenen Tagen schon.

Bis Sinsheim geht es dann moderat bergauf. Bei Gemmingen ist für heute der höchste Punkt erreicht. Ab da führen die Wege über Schwaigern und Leingarten wieder tendenziell abwärts in Richtung Heilbronn. Meinen Zimmerschlüssel muss ich mir im Schwester-Hotel abholen. Da es fast auf dem Weg liegt kann ich diesen Service-Mangel in Kauf nehmen.

Heilbronn.... was soll ich sagen? Die Lage der Unterkunft ist ideal für jemanden, der auf der Flucht ist und schnell und spontan in jede beliebige Himmelsrichtung mit dem Auto die Stadt verlassen will. Das Haus liegt unmittelbar an einer stark befahrenen, mehrspurigen Straßenkreuzung neben einer Ampel. Gefühlt liegt es sogar mitten auf der Kreuzung. Heilbronn ist wohl eine sehr autofreundliche Stadt!

Das Zimmer in meinem Gästehaus hat ein schickes neues Bad, ein gutes Bett, ist frisch und sauber, wie auch der Rest des Hauses komplett modernisiert ist. Komplett mit Bad macht die für diese Nacht gemietete Fläche rund neun Quadratmetern aus, von denen ungefähr drei auf das quadratische Bad entfallen. Übrig bleibt ein Raum in L-Form mit zwei gleich langen Schenkeln. Das

Bett im rechten Winkel des Zimmers und die Schrank-/Schreibtischseite links. Leider gibt es keinen sicheren Abstellplatz auf dem Gelände, daher muss das Fahrrad in der Nacht mit ins Zimmer. Es passt zwischen Schreibtischstuhl und Schrank, gerade so, dass ich noch ins Bad komme und ins Bett. Geht alles für eine Nacht!

Beruflich bin ich ständig im Auto unterwegs durch Deutschland. Daher kenne ich Heilbronn und wie fast alles im Süden und Westen zumindest vom Durchreisen oder kurzen Ortsterminen. Auch heute habe ich wieder nicht das Gefühl, hierhin unbedingt noch einmal in meiner Freizeit zurückkehren zu müssen.

Meine zweiwöchige Auszeit tut mir sehr gut, und meinem prall gefüllten Punktekonto in Flensburg auch. Ich stehe an der Ampel 'meiner' stark befahren vierspurigen Straße, und ärgere mich über das Tempo, das die meisten Verkehrsteilnehmer hier innerorts fahren. Eine kleine Unachtsamkeit und mehrere Fußgänger im Ampelbereich wären sofort tot.

Dieses Reizthema möchte ich jetzt nicht über Gebühr strapazieren, aber ist unser Punktesystem nicht extrem ungerecht? Ein Autofahrer, der in einer verkehrsberuhigten Zone vor Kindergärten und Schulen 20 km zu schnell fährt, wird nicht höher bestraft, als ein Verkehrsteilnehmer auf der Autobahn auf freier Strecke statt 130km/h mit 150km/h erwischt wird. Wie dem auch sei, die nächsten zwei Wochen brauche ich mir über meinen Führerschein keine Gedanken zu machen, da von mir auch auf dem Fahrrad keine Gefährdung für meine Mitmenschen ausgeht. Ich übe mich im wahrsten Sinne des Wortes in slow motion!

Die Route entlang des Neckars ist wirklich empfehlenswert, da landschaftlich sehr schön mit gut ausgebauten Radwegen entlang des Wassers, viel Grün, viel Ruhe und nicht zu schwierig. Untrainierten Radfahrern empfiehlt sich unbedingt am Fluss entlang zu fahren und nicht die von mir gefahrene „Abkürzung" zu nehmen. Die Strecke hat dann zwar rund 90km, da sie aber so gut wie keine Steigungen hat, ist sie als Tagesetappe durchaus machbar.

Hierfür muss man ins Navi bei der Routenplanung, um auf jeden Fall entlang des Neckars navigiert zu werden, jeden einzelnen Ort als festen Wegepunkt eingeben. Der auf dieser Etappe automatisch vorgeschlagene Routenverlauf wäre für untrainierte Fahrer absolut unmöglich gewesen!

Fazit: Verlasse dich nie nur aufs Navi! Schalte dein Hirn ein!

Etappe 4 Heidelberg - Heilbronn

Tour erstellt von **beauty of simplicity** am 11.06.14
http://www.komoot.de/tour/t3027512

Fahrrad	Distanz	Dauer	Höchster Punkt	Niedrigste Punkt	↑ Bergauf	↓ Bergab
🚴	77,3 km	07:26 Std	260 m	110 m	250 m	170 m

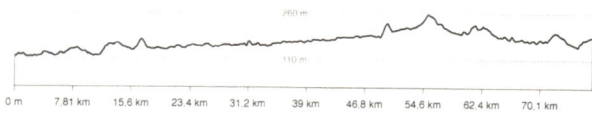

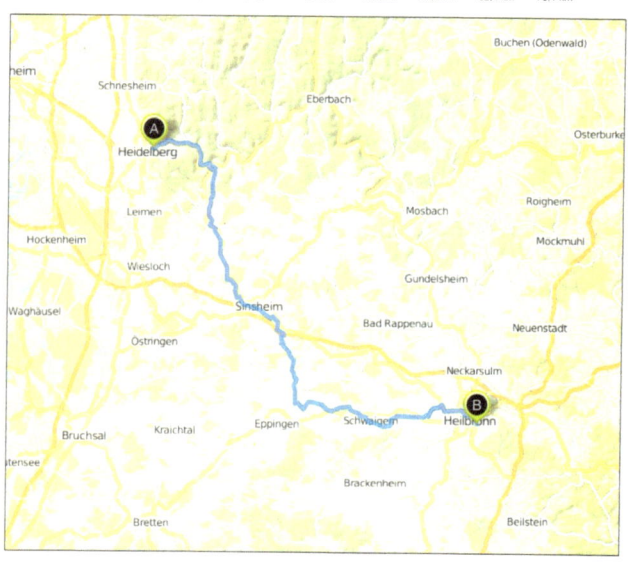

Tag 5   Donnerstag, 12. Juni 2014

Die Nachtruhe ließ sich, bei geöffnetem Fenster, maximal in Minuten rechnen. Bei geschossenem Fenster hätte man nach wenigen Stunden die rund achtzehn Kubikmeter Luft in dem Räumchen verbraucht und wäre noch vor Morgengrauen erstickt. So habe ich mich am Abend gleich fürs Überleben entschieden. Die Nacht war sehr heiß und sehr laut. Schon früh um 9 Uhr bin ich komplett startklar und mache mich mal wieder ohne Frühstück auf den Weg.

Zum Glück erwischt mich niemand wie ich nach meinem Gepäck auch noch mein Fahrrad aus dem kleinen Zimmer über die schmale Treppe nach unten transportiere. Das gelingt mir ohne an Haus und Rad Spuren zu hinterlassen.

Heute ist die Etappe geplant kürzer als an den vorherigen Tagen. Das Navi streikt schon nach wenigen Kilometern. Selbst navigieren ist mal wieder angesagt, doch entlang des Neckars sollte das grundsätzlich möglich sein.

Ich passiere hinter Sontheim einen wunderbaren alten Friedhof. Die Farben und Stimmung am frühen Morgen sind ein absoluter Traum! Hier muss ich sofort anhalten und zumindest ein Foto machen. Gern würde ich mich jetzt auf die Suche nach einem Tor machen um den Friedhof genauer anzuschauen, die Stille aufzusaugen und in den Tag mitnehmen zu können. Doch meine Muskeln sind gerade warm und heiß auf die Etappe, außerdem brauche ich baldmöglichst einen starken Kaffee und mein Frühstück. Jetzt schon eine Pause einzulegen um über einen Friedhof zu bummeln wäre unklug, also gebe ich dem Willen der Muskeln nach. Meine Neugier muss nun einfach mal zurückstecken, so steige ich, der Vernunft folgend, wieder auf.

Stadtauswärts fahre ich Richtung Talheim. Zwei, drei Neckarschleifen will ich mir heute ersparen. Ich komme in den Ortskern wo ich schon so früh am Morgen vor dem Rathaus, unterhalb des Oberen Schlosses, geöffnete Sonnenschirme auf dem großen Platz entdecke. Es riecht herrlich nach frischem Kaffee! Ich setze mich an einen schattigen Tisch neben dem Brunnen und bestelle das 'Fitnessfrühstück'. Kurz darauf werde mit einem wahrlich tollen Teller zu einem moderaten Preis überrascht.

Die „Genussmeisterei" macht Ihrem Namen alle Ehre! Wenn ich künftig hier in die Nähe komme, mache ich auf jeden Fall einen Abstecher nur fürs Frühstück.

Gestärkt und mit vollem Tank geht's weiter Richtung Neckarwestheim. Die weiße Kuppel des Kraftwerkes leuchtet weithin sichtbar in der Sonne. Mein Weg biegt jedoch vorher links ab. Ich passiere einen Wegweiser mit „Schlosshotel Liebenstein" und hätte mir ja eigentlich denken können, dass das Schloss Liebenstein etwas höher gebaut wurde. Habe ich aber nicht und so muss ich ein paar Kurven später wieder einmal absteigen und ein paarhundert Meter bergauf schieben. Einige sportliche Golfer überholen mich dabei grinsend in ihren PS-starken Schlitten.

Oben angekommen schaue ich mir das Schloss und den Schlosshof an und beschließe, angesichts meiner verschwitzten Kleidung und der rötlichen Farbe meines Gesichts, spontan mich auf eine kurze Rast draußen auf der Mauer im Schatten zu beschränken.

Genußmeisterei in Talheim – merken!

Schlosshotel Liebenstein

Wo es bergauf geht, geht es auch gleich wieder bergab – denke ich! Aber nach einem Anstieg kann ebenso auch noch ein weiterer kommen. Um diese Erfahrung reicher beende ich kurz vor Höpfigheim mein heutiges „Alp-d'Hues" und genieße die Abfahrt talwärts Richtung Marbach am Neckar.

Hier steht Schillers Geburtshaus und das Schiller-Museum. Soll ich? Solche Exkursionen in die Geschichte sind als allein reisende Radfahrerin jedoch einfach zu umständlich. Da wäre dann die Frage zu klären, wo mein Fahrrad und mein Gepäck bleiben können, während ich mich in klitschnass durchgeschwitzter Radkleidung unter die Besucher mische. Nach einstimmiger Entscheidung wird das Städtchen links liegen gelassen und gleich weiter geradelt. Von da an läuft es quasi wieder wie von selbst immer auf schönen, zumeist schattigen Radwegen, am Neckar entlang.

Bei Neckargröningen überquere ich den Neckar, um in dem einladenden Bootshaus am Hechtkopf, direkt an der Mündung der Rems, eine kleine Rast einzulegen. Bei einer Flasche Wasser und einem schokoladenüberzogenem Vanilleeis am Stiel mache ich es mir auf dem Holzdeck im Schatten bequem und vertiefe mich in die Reflektionen der Sonnenstrahlen die auf der Wasseroberfläche tanzen. Heute ist dazu mehr als genügend Zeit und es ist hier wunderbar ruhig – fast menschenleer. Erstmals steht heute ganz außer Frage, ob ich mein Etappenziel erreichen kann. Alles passt perfekt!

Wieder zurück auf der anderen Seite des Flusses sind es noch ein paar Kilometer vorbei an Aldingen, bis ich in Mönchsfeld erneut, über die Schleuse Hofen, auf die andere Neckarseite komme. Hier ist es mit der Ruhe sofort vorbei. Die Ausflugslokale und Biergärten sind gut besucht. Mein Fahrrad trifft endlich mal auf Kameraden und kann mitsamt dem Gepäck jetzt ein Weilchen angekettet mit den anderen Fahrrädern vor dem Biergarten abhängen. Ich genehmige mir ein großes alkoholfreies Weißbier und auf Drängen meines Heißhungers auch noch eine Portion Pommes „Rot-Weiß".
Die Schlager, die aus den großen Lautsprechern für Schunkel-Stimmung sorgen sollen, bringen mich nach meinem Mittagsmahl schnell wieder auf die Beine und in den Sattel. Da halte ich lieber noch Ausschau nach einem schönen, ruhigen Plätzchen für eine weitere Rast, denn der Tag ist noch richtig jung.

Der Max-Eyth-See ist sehr früh am Nachmittag erreicht. Nun mache ich das, was ich mir alle Tage vorher aus Zeitmangel verkniffen habe. Ich hänge eine halbe Stunde auf einer Badeplattform am See ab und die Beine ins Wasser. Das ist himmlisch!

Egal, dass da gerade ein Fisch mit dem Bauch nach oben vorbei treibt. Ich denke heute positiv. Sicher hatte er ein schönes Leben und ist an Altersschwäche gestorben. Meine Füße bleiben im Wasser! So gebe ich mich meinen Gedanken hin und träume bereits von meiner Ankunft am Chiemsee.

Ich weiß, ich habe es nicht mehr weit bis zu meinem heutigen Ziel. Um nicht mitten ins Zentrum Stuttgarts radeln zu müssen, ist meine heutige Wahl auf ein familiengeführtes Hotel in Bad Cannstatt gefallen. Die Inhaberin von Krehl's Linde empfängt mich persönlich und sehr herzlich und mein Fahrrad erhält sogleich einen guten Platz in der Garage. Ich bekomme das „Lady Like" Zimmer unterm Dach und unaufgefordert noch einen kleinen Ventilator mit herzlichen Grüßen vor die Zimmertüre geliefert. Was für eine Servicebereitschaft!

Das Zimmer schreit nach meinem Kleid. So feminin gestylt mache ich mich nach einer erfrischenden Dusche auf den Weg nach Bad Cannstatt "Downtown". Man kann das hier wörtlich nehmen, denn der ausgedehnte Spaziergang führt mich durch den schön schattigen Kurpark tief abwärts ins Stadtzentrum. Irgendwie komme ich hier später ganz sicher auch wieder hoch. Wie, das werde ich dann spontan entscheiden.

Der ausgedehnte Bummel durchs Stadtzentrum endet schließlich mit einem Kaffee, bevor ich mich entscheide auch wieder zu Fuß den Heimweg anzutreten.

Bei meiner Rückkehr zum Hotel am frühen Abend traue ich meinen Augen nicht. Da ist er wieder - Firmenlogo und Adresse auf der Türe lassen keine Zweifel zu! Auf der Straße steht der weiße Mini eines „Kollegen" aus dem Norden. Zufälle gibt's, unfassbar, denn vor zwei Jahren habe ich genau diesen Wagen schon einmal in meinem Sommerurlaub am Comer See gesehen. Dieser kleine Mini sieht die Welt!

Der Tag heute war nicht so anstrengend wie die vergangenen Tage und so fühle ich mich trotz des Spaziergangs in die Unterstadt noch sehr fit. Da das Hotel für seine gute Küche bekannt ist, habe ich bereits bei meiner Anreise einen Tisch im gemütlichen Hof für mich reservieren lassen. Heute speise ich mal richtig gut. Der laue Sommerabend geht mit einem guten Abendessen und einem Viertel Wein draußen zu Ende.

Rückwirkend betrachtet war es heute eine sehr schöne Etappe, auch wenn ich andere Wege genommen habe und mit teils schweren Steigungen auf Schotter kämpfen musste. Die von Komoot ausgewählten Fahrradwege auf dieser Teilstrecke sind manchmal sehr spärlich beschildert und schwer zu finden. Nicht trainierten Radfahrern und Tourenradlern mit Gepäck empfehle ich sich unbedingt immer entlang des Flusses zu bewegen.

Nach 5 Tagen im Sattel bin ich echt erstaunlich fit. Ich habe keinen Muskelkater und auch mein Po hat sich in sein Schicksal gefügt. Meine Etappen werde ich wie geplant schaffen, daran habe ich keine Zweifel mehr. Diese Sicherheit fühlt sich sehr gut an.

Im Bett, unter meinem Baldachin, lasse ich den heutigen Tag noch einmal Revue passieren und nehme mir ganz fest vor wiederzukehren um die letzten beiden Etappen über die komplette Strecke entlang des Neckars zu radeln.

Am besten in guter Gesellschaft für ein schönes, langes Wochenende und rein zum Genuss.

Etappe 5 Heilbronn - Stuttgart Gesamt 7 Std incl. Pausen

Tour erstellt von **beauty of simplicity** am 12.06.14
http://www.komoot.de/tour/t3034125

| Fahrrad | 61,2 km
Distanz | 08:24 Std
Dauer | 330 m
Höchster Punkt | 160 m
Niedrigste Punkt | 320 m
↑ Bergauf | 260 m
↓ Bergab |

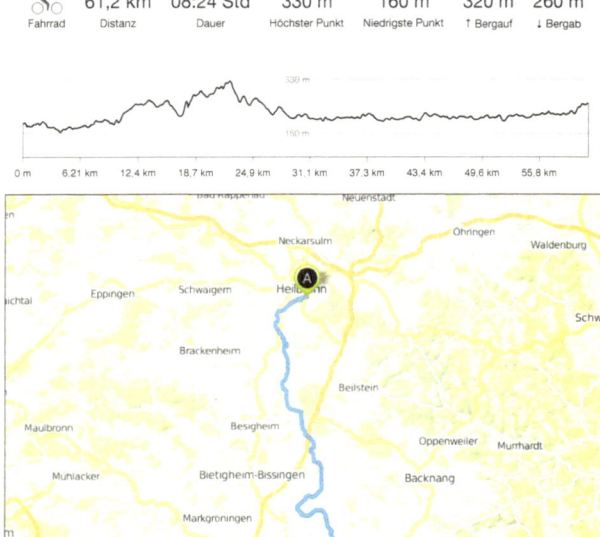

Tag 6　　　　　　Freitag, 13. Juni 2014

Mein altes Rennrad und ich haben nach vielen Jahren endlich wieder zusammengefunden. Ich möchte es im Moment nicht mehr gegen Mountainbikes mit doppelter Anzahl von Gängen oder gar E-Bikes eintauschen. Als Team schaffen wir das gemeinsam bis zum Ziel!

In meinem kleinen "Damen" - Zimmer unter dem Dach habe ich wunderbar ruhig bei weit geöffnetem Dachfenster geschlafen und so fällt mir, nach dem reichhaltigen Frühstück, der Start in meine nächste Etappe entlang des Neckars leicht.

Heute bin ich bin topfit, die unheilige Kombination aus Iphone 4S und Komoot hat anscheinend wieder mal Migräne. Nach kurzer Zeit lassen mich erneut Sprachsteuerung und Navigation im Stich. Egal, auf dem Radweg entlang des Neckars stellt dies kein unlösbares Problem dar. Hauptsache es zeichnet weiterhin den Weg auf.

Vorbei an den Industriegebieten von Unter- und Obertürkheim gelange ich wieder an den Neckar und passiere Mettingen.

Wenig später erreiche ich Esslingen, eine sehenswerte, schöne Stadt. Hier lohnt es sich auf eine Rast abzubiegen ins Zentrum. Ich biege ab, jedoch nicht zum Sightseeing oder Kaffee trinken, sondern mit einem speziellen Ziel im Auge. Die Batterie des Radcomputers ist seit heute früh leer. Um sie ersetzen zu lassen muss ich dringend einen Fahrradladen finden. Esslingen hat einen, also durchquere ich auf meiner Suche die ganze Stadt und schaue mich dabei um. Auch hierher muss ich noch einmal mit etwas Zeit wiederkehren. Für eine erste Rast ist es jedoch noch zu früh am Morgen.

Kaum wieder unterwegs und in Schwung macht sich jedoch ein neues, wie sich herausstellen wird, ernsthaftes Problem bemerkbar. Also wird der nächste Stopp gleich in Plochingen eingelegt. Hier muss ich in einer Apotheke dringend etwas zur Beruhigung meiner rechten Achillessehne besorgen. Gesucht, gekauft und angewendet!

Das Voltaren-Spray hilft sofort - bilde ich mir zumindest ein. Manchmal tut Einbildung einfach gut und so setze meine Fahrt fort bis mir in Faurndau am Mittag von weitem leuchtend rote Erdbeeren an einem Stand ins Auge stechen. Mal etwas Abwechslung in meinen Mittagstisch zu bringen kann ja nicht schaden. Also biege ich rechts vom Weg ab und kaufe der sehr freundlichen und interessierten Dame eine Schale ab. Ich wasche sie am Brunnen vor der spätromanischen Stiftskirche und gönne hier auch meinen Füßen mal eine Erfrischung. Nach meinem aromatischen Mahl statte ich dem alten Gemäuer einen Besuch ab.

Der Abstecher in diese im 13. Jahrhundert erbaute dreischiffige Basilika lohnt sich auf jeden Fall. Schlichtheit kann geradezu betörend sein. Dazu die Kühle, die Stille.

Ich halte inne, genieße alles für eine Weile und stürze mich dann gut erholt und heruntergekühlt nach einem kurzen Gebet wieder ins beschauliche Leben der kleinen Ortschaften. Es ist erstaunlich, wie man auf solch einer Reise das Zeitgefühl verliert. Sind es fünf Minuten oder fünfzehn? Verweilt man an einem Ort eine halbe Stunde oder gar eine Ganze? Ich weiß es nicht und es spielt keine Rolle wenn man allein unterwegs ist, so weit weg vom Alltag und dem Job.

Der Weg führt mich weiter entlang der Filz nach Göppingen, wo ich mir am Nachmittag auf dem Marktplatz noch ein großes Eis genehmige. Es geht schließlich ab jetzt wieder bergauf! Das letzte Drittel der Etappe liegt vor mir, mit meinem heutigen Etappenziel Geislingen. Die Achillessehne ist inzwischen richtig rot entzündet und dick geschwollen, daher bin ich froh, dass ich mich schon vorab entschieden hatte, die Geislinger Steige mit dem Zug zu erklimmen. Vorbei an Eislingen, Salach, Süßen und Gingen gelange ich nach Kuchen wo mich ein einladendes Freibad wieder einmal kurz zum Stoppen bringt. Mir ist sooo heiß. Ein kurzes Bad wäre jetzt genau das Richtige. Aber was mache ich hier mit Rad und Gepäck? Dazu bin ich mir nicht sicher, wie die Züge nach Ulm abfahren. Also reduziere ich die Erfrischung auf ein paar ausschweifende Blicke über das kühle Nass mit den planschenden Kindern, bevor mein innerer Schweinehund mit der Aussicht auf einen schönen Abend und ein gutes Abendessen in Ulm wieder in den Sattel gelockt wird. So visuell erfrischt, ignoriere ich die mahnenden Schmerzen der Sehne einfach. Aufgeben - jetzt so kurz vor dem nächsten Ziel - kommt für mich gar nicht in Frage!

Bis zum Ortseingang von Geislingen ist es eine stets leicht ansteigende, doch gut fahrbare, Etappe die auch für untrainierte Radler geeignet ist. "Gleich hab ich es geschafft" sporne ich mich an, doch dann geht es ganz steil bergauf.

Es ist kaum zu glauben, doch eigentlich logisch: der Bahnhof muss auf Grund der zurückzulegenden Höhenmeter und der maximalen Steigung, die von der Bahn bewältigt werden kann, fast am Ortsausgang quasi am höchsten Punkt des Ortes liegen.

Genau rechtzeitig vor der Abreise des Regio-Zuges, der mich, zu einem erstaunlich moderaten Preis, zum morgigen Startort Ulm bringt, ist der Bahnhof in Geislingen erreicht.

Natürlich habe ich auch überlegt, dass ich die Steigung, die Bahn schafft, ebenfalls hätte schaffen können. Doch die Straße führt nicht entlang der Bahntrasse und nicht in gleicher Steigung. Dazu bin ich vorab in Viernheim eindringlich gewarnt worden, dies als untrainierter Radfahrer mit diesem Fahrrad auf keinen Fall in Angriff zu nehmen.

Das glaube ich doch gerne und nehme den einzigen „Lift" der ganzen Tour in Anspruch.

Böse Stimmen können nun einwenden *„aha, da hat sie ja gemogelt und nicht die ganze Strecke mit dem Rad oder zu Fuß gepilgert"*, aber ich halte es da wie die Tour de France: das Etappenziel muss nicht zwangsläufig mit dem nächsten Zielort identisch sein. Es ist mein Urlaub mit meinen Regeln. Basta! Immerhin habe ich bis heute keinen einzigen Ruhetag einlegen müssen und habe das auch für den Rest der Strecke nicht vor.

Stiftskirche Faurndau

mein Rad im „Lift" über die Alb

Der nette, entspannte Lokführer persönlich hilft mir Rad mitsamt Gepäck hinter der Lok in den ersten Waggon zu hieven, bevor er den Zug in Bewegung setzt. Los geht's über die Hochebene der Schwäbischen Alb Richtung Ulm. Den Fahrrad-Waggon habe ich komplett für mich allein und so kann ich mich über mehrere Sitze in der Abendsonne lang legen und entspannt die Landschaft an mir vorbeiziehen lassen. Meine Gedanken fliegen davon und die Schmerzen der mit Voltaren bestochenen Achillessehne auch. Ich bin froh für heute fast schon am Ziel zu sein.

Mein Hotel B&B liegt unweit des Bahnhofes. Ich sehe es sofort, als ich auf den Bahnhofsvorplatz heraustrete. Das kurze Stück schaffe ich wieder problemlos mit dem Rad. Dort angekommen, erwartet mich ein ganz frisches, modernes Hotel, mit einer sehr netten, jungen Dame am Empfang, die sich sogleich bereit erklärt mein Fahrrad in der Wäschekammer einzuschließen. Mein Zimmer hält on Top noch einen atemberaubenden Ausblick über die Stadt durch ein Riesenpanoramafenster in Raumbreite für mich bereit. Hier habe ich volles Sonnenlicht, Außenjalousien und dazu eine Klimaanlage, die der Sommerhitze Paroli bieten kann. Das ist perfekt!

Nach einer erfrischenden Dusche und der täglichen Wäsche meiner Radklamotten ziehe ich sofort los um die Stadt zu erkunden. Immer Richtung Münster halten! Das stellt kein Problem dar, da der höchste Kirchturm der Welt unübersehbar ist, und so bin ich binnen weniger Minuten zu Fuß im Stadtkern.

Die Domstadt strahlt, ähnlich wie vorher auch Heidelberg, ein liebens- und lebenswertes Gefühl aus. Das beeindruckende Münster ist leider schon früher geschlossen als angegeben. Schade, den Kirchturm hätte ich heute gerne noch erklommen um den, der Beschreibung nach, atemberaubenden Ausblick über die Stadt zu genießen. Nicht einmal für ein kurzes Gebet komme ich hinein.

Aber drum herum auf allen Plätzen pulsiert das Leben und ich bin ein Teil davon! So gibt es heute direkt Gaudi statt Andacht.

Die Ulmer Gesellschaft sitzt draußen bei einem kühlen Getränk und genießt den schönen warmen Sommerabend.

 Nach einem guten Abendessen draußen vorm GUSTAFF gehe ich noch ein paar Schritte durch die Gassen. Dann folge ich zur Abwechslung mal meinen Ohren und lande ohne Umwege vor großen Bildschirmen und freudig wartenden Fußballfans. Hier schaue ich das Fußballspiel Niederlande gegen Spanien beim mitreißenden Public Viewing vor „Capo's Größenwahn" mitten unter Ulmer "ORANJE-Fans". Es ist eine tolle, entspannte Atmosphäre mit netten, offenen Menschen.

Zwei alkoholfreie Hefeweiße später, nach dem guten Ausgang fürs Nachbarland, gehe ich beschwingt und zufrieden zurück ins Hotel. Im Bad lässt mich ein Blick nach unten jedoch augenblicklich erschrecken. Die Farbe meiner Achillessehne ist sehr beängstigend! Grell-rot leuchtet sie wie ein Nebelschlusslicht. Ich versuche sie, vor der Nachtruhe, noch mit einer Überdosis Voltaren-Spray zu beschwichtigen. Abgesehen von meinen ungeheuren Schmerzen ist es das Ende eines sehr schönen Tages mit einer guten Wegstrecke! Ich liege auf meinem Bett, schreibe und genieße noch ein Weilchen den Blick auf die nächtlich beleuchtete Stadt durch mein Panoramafenster.

Für einen Besuch in der Sammlung Weishaupt habe ich morgen leider keine Zeit. Ich werde in diese schöne und liebenswerte Stadt, von der ich bisher nur die mit „Blitzern" gespickte Abkürzung zwischen zwei Autobahnen kannte, auf jeden Fall zurückkommen, mit mehr Zeit und bequem im Cabrio.

Etappe 6 Stuttgart - Geislingen/Steige

Tour erstellt von **beauty of simplicity** am 13.06.14
http://www.komoot.de/tour/t3040640

	72,4 km	07:38 Std	480 m	230 m	290 m	60 m
Fahrrad	Distanz	Dauer	Höchster Punkt	Niedrigste Punkt	↑ Bergauf	↓ Bergab

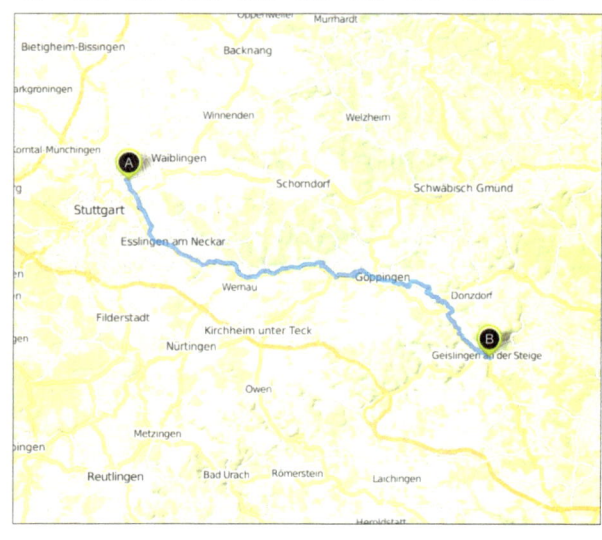

Tag 7   Samstag, 14. Juni 2014

Diese Nacht habe ich sehr gut geschlafen und bin nach dem Frühstück früh um 9 Uhr schon gut gelaunt auf der Straße. Die leicht beruhigte Achillessehne habe ich vorsorglich gut in Voltaren Spray gebadet und versuche sie heute zu entlasten.

Auf meinem Weg durch Ulm fallen mir zwei Tourenradler ins Auge. Ein älteres Paar im Partnerlook, professionell ausgerüstet von Kopf bis Fuß und mit komfortablen Tourenrädern in Vollausstattung, mit Satteltaschen, Fahrradkarten auf dem Lenker und natürlich Radio. Als ich über die Brücke auf die andere Seite der Donau navigiert werde, biegen sie mit schallender Musik auf den Uferweg ab. Und schon bin ich wieder allein unterwegs.

Das sprachgesteuerte Navi hält durch. Leider führt es mich nicht über den als schön bekannten Radweg entlang der Donau bis Günzburg. Wieso auch immer?

Ein großer Umweg kann das aber nicht sein. Vielleicht sogar kürzer? Ich traue mich nicht die Karte zu zoomen, um einen erneuten Systemabsturz zu verhindern. Im Vertrauen auf einen guten Weg folge ich den Angaben der freundlichen Stimme von Komoot.

Diese Strecke hat super gut geteerte Radwege keine Frage. Eine Wohltat für meinen Allerwertesten! Aber es kommt, wie es kommen muss, denn obwohl ich wie immer "untrainiert" eingegeben habe, werde ich auch heute wieder über gepflasterte Fußwege durch höher liegende Ortskerne geführt, anstatt entlang der Straße. Vermutlich ist das System so eingestellt, dass immer der geografische Mittelpunkt des Ortes passiert wird, egal wie umständlich dieser zu erreichen ist.

In Zusmarshausen passiere ich endlich eine Eisdiele. Nicht, dass es gerade besonders heiß wäre, mir ist trotz meiner Bewegung eher kühl (ich trage erstmals mein langärmeliges Radshirt), aber die Aussicht auf einen Cappuccino lockt und ein Eis füllt meine Energiereserven wieder auf.

Nebenbei buche ich, wie immer ab ca. 25 km vor dem geplanten Etappenziel mein Hotel und füttere mein Tagebuch mit meinen Eindrücken. Heute erscheint mir in Augsburg das "Low-Budget-Ibis"- Hotel das vom Preis-/Leistungsverhältnis passendste zu sein. Und nah genug am Stadtkern um diesen zu Fuß zu erreichen ist es auch.

Auf geht's! Breite einsame Wege und guter Teer führen mich nun durch viel Natur. Wie fast immer auf meiner Reise, bin ich weit und breit allein unterwegs auf den Radwegen. Es ist sehr still um mich herum und sehr grün. Weite Felder und Wiesen mit Frühlingsblumen soweit das Auge reicht. Die Störche auf dem Feld neben dem Radweg lassen sich durch mich nicht stören. Ein friedliches Bild – Natur pur!

Kurz vor Augsburg habe ich noch einen letzten, nicht zu steilen, doch sehr langen Anstieg zu bewältigen. Ich schiebe wieder mal ein wenig mein Rad bergauf um meinen kranken Fuß zu schonen. Das mitleidige Lächeln der Rennrad-Truppe mit Herren mittleren Alters, die mich stehend im Sattel überholen nehme ich gelassen hin. Die machen das vermutlich regelmäßig, obwohl einige dafür doch ziemlich übergewichtig sind. Ich muss niemandem etwas beweisen, dazu habe ich eine ernst zu nehmende Verletzung und ein ganz anderes Ziel, das ich um keinen Preis aufgeben will!

Es gibt Dinge, die kein Mensch braucht. Eine Achillessehnenentzündung gehört definitiv dazu. Die gehört auf die schwarze Liste!

Augsburg, die Fuggerstadt ist bald erreicht, das Hotel schnell gefunden. Genau hier bin ich schon einmal mit dem Auto vorbeigefahren, ganz sicher! Ich checke ein und kann ein sauberes, freundlich-spartanisches Drei-Bett Zimmer mit allem, was der Radfahrer nach einer Etappe braucht, beziehen. Frisch geduscht und nach der täglichen Wäsche mache ich mich schnell fertig um wieder einen netten Abend in einer schönen Stadt zu verbringen.

Nur einen kurzen Fußmarsch weit ist es von meinem Hotel bis ins Zentrum. Ich wandere durch die schöne Altstadt direkt zu dem imposanten Dom, der glücklicherweise heute für eine abendliche Andacht geöffnet ist. So eine tolle Stimmung! Hier entzünde ich wieder meine obligatorischen Kerzen, schließe in mein Gebet heute auch meine Achillessehne mit ein und verlasse diesen freundlichen Ort bald um die Stadt zu erkunden.

Außerhalb ist jetzt jedoch nirgends mehr innerstädtisches Leben zu finden. Mir wird schlagartig kalt und ich kann gegen dieses fröstelnde Gefühl mitten im Sommer nicht ankämpfen. Ein paar Touristen irren ebenfalls suchend durch die Straßen, vermutlich genau so überrascht von der plötzlichen Leere wie ich. Etwas Warmes gegen die gefühlte Kälte an diesem lauen Sommerabend muss dringend her und so kaufe ich noch einen großen Baumwollschal. Wieder ein paar Gramm mehr, die ich den Rest des Weges nun auch noch transportieren darf! Aber darauf kommt es jetzt auch nicht mehr an. Ich wickle ich mich sofort in dieses große Tuch ein.

Der Einzelhandel hat direkt hinter mir die Türe abgeschlossen, Mitarbeiter und Kunden verlassen die Innenstadt fast fluchtartig. Augsburgs schöne Fassaden werden durch die Abendsonne in ein warmes Licht getaucht, doch die Straßen und Plätze der Stadt strahlen keine Wärme aus. Wie unheimlich! Ich durchwandere das Zentrum finde jedoch keinen einladenden Platz zum Sitzen und Verweilen. Mir fällt die Brauerei Riegele ein, die ich dem Hinweg am Bahnhof passiert habe. Da schaue ich jetzt noch vorbei, das ist die letzte Chance. Der Biergarten ist fast leer. Auch in den Gasträumen sind absolut keine freundlichen Vibrations zu empfangen, daher begebe ich mich sehr enttäuscht gleich wieder auf den Weg ins Hotel, um das 21 Uhr Spiel vom Bett aus zu schauen. Zugegeben, nach der ganzen Ruhe ohne jegliche Kommunikation am Tag und den vielen Eindrücken hätte ich jetzt sehr gern etwas mehr Leben um mich gehabt. Ein paar nette Menschen zu treffen, ein kurzer Gedankenaustausch wären jetzt echt nett gewesen.

Heute fühle ich mich richtig einsam und ich beschließe für mich dass Augsburg mich so bald erst einmal nicht mehr wieder sieht!

Etappe 7 Ulm - Augsburg (6 Std netto Fahrzeit)

Tour erstellt von **beauty of simplicity** am 14.06.14
http://www.komoot.de/tour/t3048415

| Fahrrad | 79,9 km Distanz | 07:28 Std Dauer | 530 m Höchster Punkt | 400 m Niedrigste Punkt | 340 m ↑ Bergauf | 340 m ↓ Bergab |

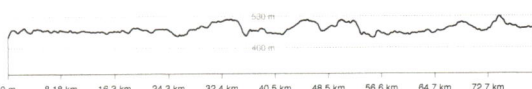

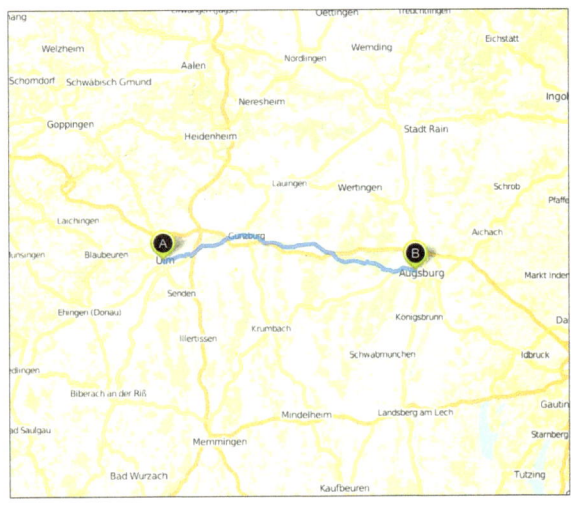

Tag 8   Sonntag, 15. Juni 2014

Mein "Budget-Hotel kann ich sehr empfehlen. Außer einem funktional sauberen und ausreichenden großen Zimmer kann ich besonders das preiswerte Frühstück hervorheben, bei dem sogar frischer Obstsalat nicht fehlt. Bemerkenswert!

Der Himmel zeigt sich in bayrischen Farben. Es ist ein schöner Sonntagmorgen und ich bin topfit. Normalerweise bleibe ich sonntags gern ein wenig länger liegen, doch mich treibt es, wie täglich auf dieser Reise, früh weiter. Es ist wohl auch die Freude aufs Rad und auf München, mein nächstes Etappenziel. Bald bin ich da!

Draußen ist es heute beim Start wieder angenehm kühl. Zum Glück ist mein frisch gewaschenes Langarmshirt über Nacht getrocknet. Ich könnte heute glatt noch eine zweite Schicht darüber anziehen. Die fällt jedoch mangels Masse aus. Wärmen muss mich die Bewegung.

Mein Weg führt mich quer durch die architektonisch schöne Stadt, und durch ein sich anschließendes, sehr schönes Naherholungsgebiet mit gut befahrbaren Waldwegen.

Unter den Bäumen wird es mir, trotz des langärmeligen Shirts und der Bewegung, richtig kalt. Nun kommt der neue, lange Schal wieder zum Einsatz. Ein Glück, dass ich ihn gestern in letzter Minute gekauft habe! Ich stoppe kurz, nehme ihn aus dem Rucksack und wickle meinen Oberkörper darin ein. Der Rest des Körpers muss erst mal weiter frieren bis ich mich möglichst schnell durch etwas höheres Tempo warm radeln kann.

Es ist herrlich unter dem satten Grün, den schönen Schatten und dem lauten Zwitschern der Vögel davonzufliegen. Die Musik der Natur begleitet mich. Wenn man so viele Tage allein, ohne Mediathek, Radio oder Gesellschaft verbringt, dann wird man noch sensibler für die Geräusche der Natur.

Die Strecke ist sehr angenehm zu radeln. Kurz hinter Augsburg führt mich der Weg über den Lech. Fast über die gesamte Distanz finde ich breite, super geteerte Fahrradwege, oftmals parallel von Landstraßen. Es gibt nur wenige leichte Steigungen. Natürlich baut Komoot auch heute wieder eine kleine Bergetappe durch Mering zum Ortmittelpunkt ein. Keine Frage, auch diese wäre leicht rechts herum zu umfahren gewesen. Etwas später verabschieden sich Sprachsteuerung und Navigation ganz und ich bin wieder komplett auf mich gestellt.

Heute ist es mir jedoch gänzlich wurscht. Es passt perfekt zu der Gleichgültigkeit, die mir gerade durch mein Smartphone entgegenschlägt. Meine Gedanken sind schlagartig ganz woanders und ich radle einfach geradewegs in die Richtung, die anhand der Straßenbeschilderung Richtung München zeigt. Zum Glück sind die Radwege breit und ich bin allein über den größten Teil der Strecke. Es gibt keine Hindernisse, die ich übersehen oder rammen könnte.

Eine etwas größere Bergwertung überwinde ich hinter Fürstenfeldbruck, dann gönne ich mir in Neuaubling eine kleine Rast auf der Außenterrasse einer Fastfood-Kette direkt an der viel befahrenen Einfallstraße. Meine mich verlassenden, physischen Kräfte versuche ich durch einen Mc Flurry mit Smarties zu mobilisieren. Aufheitern kann er mich – wie sonst immer – nicht. Psychisch bin ich total am Ende!

Jetzt muss ich nur noch von Westen quer durch München zu meinem gebuchten Appartement in Ramersdorf strampeln. Körperlich stellt das kein Problem für mich dar. Schnurgeradeaus radle ich bis zum Hauptbahnhof, dann am Karlsplatz rechts zum Sendlinger Tor, weiter durch die Isarvorstadt über die Isar und durch die untere Au. Der Name sagt es schon „untere" Au. Ich muss jetzt gleich im Anschluss den Nockherberg bezwingen!

Hundert mal habe ich diesen Weg schon mit dem Wagen passiert, doch heute ist er erstmals eine Herausforderung. Auch das schaffe ich – jedoch nicht ohne die letzten Meter zu schieben. Nun noch am Ostfriedhof vorbei und dann bin ich fast da. Ich will nur noch weg von der Straße und ins Bett!

In München war ich bislang immer nur mit dem Auto unterwegs. Daher bin ich sehr überrascht, wie entspannt es sich in München radeln lässt. Das ist wieder ein ganz dicker Pluspunkt mehr für München auf meiner persönlichen Liste. Wenn ich hier leben würde, käme mein Rad viel häufiger zum Einsatz!

Jetzt bin ich gespannt, was mich bei meiner heutigen Unterkunft erwartet. Bei meinem Glück?! Die Bilder im Buchungsportal sind sehr viel versprechend und fast zu schön um wahr zu sein. Wenn es den Erwartungen nur halbwegs entspricht, dann ist es schon perfekt für heute. Auf jeden Fall ist es aber jetzt schon die günstigste Nacht der gesamten Reise und das mitten in München!

Gestern noch hatte ich mich auf meinen heutigen Abend in München so gefreut: auf die entspannte, lockere Atmosphäre der Biergärten, das Leben. Doch trotz ziemlich leichter Etappe ist dies ein sehr schwerer Tag für mich. Nach Ausgehen ist mir heute gar nicht und so beschließe ich, nicht mehr die kurze Strecke herunter zur Isar und ins pralle Leben zu gehen. Stattdessen werde ich in der unmittelbaren Umgebung meiner Unterkunft auf Nahrungssuche gehen. Ein kleiner Fußmarsch durch Ramersdorf beschert mir eine gute Pizza und ein Viertel Wein. Dazu wieder ganz viel kühles Wasser.

Es ist ein so schöner warmer Sommerabend, die Biergärten sind voller Leben und Lachen, doch mein Weg führt mich ohne Umwege sofort wieder in meine heutige Herberge zurück. Das Zimmer bietet mir genau die Ruhe, die ich heute brauche und dazu einen richtig großen Flachbildfernseher.

Mein Abendprogramm: aufschreiben, anschalten, abschalten und möglichst bald einschlafen.

Etappe 8 Augsburg - München (7 Std. Gesamt!)

Tour erstellt von **beauty of simplicity** am 15.06.14
http://www.komoot.de/tour/t3064427

| Fahrrad | 85,7 km Distanz | 10:18 Std Dauer | 580 m Höchster Punkt | 470 m Niedrigster Punkt | 240 m ↑ Bergauf | 160 m ↓ Bergab |

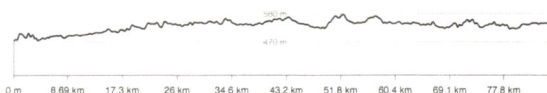

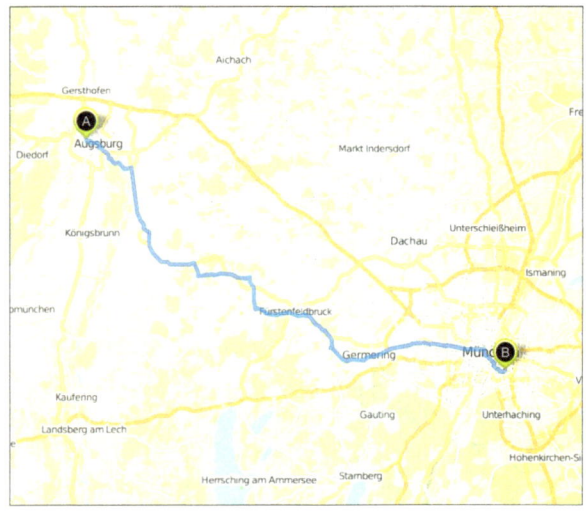

Tag 9 Montag, 16. Juni 2014

Ein weiterer strahlender Sommermorgen begrüßt mich heute in München. Ich wache in meinem sensationellen, frisch renovierten und stylischen Appartement früh auf und packe systematisch meine sieben Sachen, wie täglich, in meine Tüten. Das Verstauen des Reisegepäcks in Tasche und Rucksack geht jeden Morgen schneller. Wenige Handgriffe – und die Tasche ist auf dem Rad perfekt verstaut. Und los geht's! Eine Punktlandung um 9:00 Uhr früh. Auf der anderen Straßenseite gönne ich mir zum Café Latte ein gehaltvolles Croissant mit Butter, Marmelade und Nutella denn ich brauche jede Menge Energie für diesen letzten Tag!

Ich weiß, die Schlussetappe hat es richtig in sich und dazu bin ich sehr traurig über den Verlauf meines Liebeslebens. Beides wird mir heute noch viel Kraft abringen. In der Hoffnung, dass ich noch durchhalte und mich der See mit offenen Armen empfängt, steige ich auf mein altes „Centurion Timerace".

Es ist der Start in die letzte Etappe, der letzte Tag Strapazen und Schmerzen. Heute werde ich, wenn weiterhin alles gut geht, das Ziel erreichen! Im Moment mag ich daran jedoch kaum denken.

Meine Unterkunft liegt in Ramersdorf. Da ich München bereits kenne, starte ich direkt durch Richtung Süden. Mein Weg führt mich über Münchens gute Radwege Richtung Holzkirchen. Hier gibt es erwartungsgemäß keine Irritationen durch fehlende beziehungsweise mangelhafte Ausschilderung. Es läuft wie geschmiert.

Normalerweise höre ich den ganzen Tag Radio. Egal, ob im Büro, im Auto oder beim Joggen. SWR3 begleitet mich immer durch den Tag. Seit meiner Abreise habe ich jedoch darauf verzichtet, um in mich hineinzuhorchen, nicht abgelenkt zu sein und auch um die Energie meiner Technik zu schonen. Heute wäre allerdings dringend Aufmunterung nötig, doch die kann ich mir, trotz Zusatzakku, nicht leisten. Ich muss mich ganz aus mir selbst heraus motivieren. Dass ich das kann weiß ich aus Erfahrung. Es kostet etwas mehr Energie, doch ist so simpel, wenn man sich dessen bewusst ist. Ich muss ausschließlich auf all das Schöne um mich herum achten: das Lächeln der Menschen an der Ampel, die Sonne am bayrischen Himmel mit seinen weiß-blauen Farben, die Natur.

Ich kann es noch immer kaum realisieren, dass dies tatsächlich der letzte Tag meiner Pilgerreise sein wird! Der Gedanke ist schön und erschreckend zugleich!

Nur wenige, kurze Streckenabschnitte radle ich über Landstraßen. Direkt hinter Dürrhaar habe ich den allerersten Blick auf meine geliebten Berge. Bald bin ich da!

Über Aying und Feldkirchen-Westerham gelange ich endlich zur Mangfall. Ich genieße den ersten Blick auf den Wendelstein!

In Bruckmühl gönne ich mir eine Pause und mein Mittagseis: den Erdbeerbecher und natürlich mit Sahne! Sicherlich denkt Ihr jetzt: *'Himmel.... die schreibt ja schon wieder über Eis!'* An dieser Stelle kann ich euch beruhigen, es ist die letzte Etappe. Wenn alles nach Plan verläuft, ist es das letzte Eis von dem ich hier berichten werde!

Ich liebe Eis. Mich könnte man fast als süchtig bezeichnen. Für mich ist es ein Stück pure Lebensfreude. Dieser Genuss, die Kälte zu spüren während ein köstlicher Geschmack den Gaumen erobert… Das ist einfach himmlisch! Niemals zuvor konnte ich so hemmungslos am Tag mehrere Eis schlemmen wie in den vergangenen Tagen meiner Tour und dabei auch noch abnehmen.

Ab jetzt führt die Route komplett entlang des Wassers über gute, teils neu hergerichtete Radwege. Die Kühle, die vom Wasser abgestrahlt wird, und die glitzernden Lichtreflexe der Sonne sind Balsam für meine Seele. Diese landschaftlich sehr schöne Strecke, mit den gut beschilderten Radwegen, führt mich durch Bad Aibling und Kolbermoor, das sich in den letzten Jahren durch den Umbau der alten Spinnerei in ein modernes Quartier sehr positiv verwandelt hat. Das ist ein wirklich gelungenes Beispiel Architektur.

Wie viele Tage zuvor auch, begegnet mir auch heute kein einziger Tourenradler. Ein kurzes Wegstück beschäftige ich mich mit dem Gedanken, wieso das wohl so ist.

Ist Tourenradeln durch Deutschland nicht „in", ist gerade zur schönsten Jahreszeit keine Radsaison, ist es zu warm, oder liegt es an meinem Navigationsprogramm? Letzteres kann ich gleich ausschließen. Es sorgt zwar für eigenwillige Abstecher auf Aussichtspunkte, aber dennoch müsste ich anderen Tourenradlern in den Ortschaften oder Städten ab und an begegnen. Vielleicht kann ich ja mit meinen Aufzeichnungen dazu beitragen, dass sich weitere „Pilger" dazu entscheiden neue Pfade einzuschlagen.

Rosenheim lasse ich komplett links liegen. Hier geht es dann zuerst über die Mangfall und wenige Meter weiter über den unverwechselbaren milchig-grünen Inn nach Schloßberg. Der Name lässt es erahnen: direkt kommt auch eine kleine Bergwertung. Trainierte Radfahrer mit guten Rädern und funktionierenden 24 Gängen lachen mich hier an der Stelle jetzt aus. Ich schiebe!

Nun liegt endlich der hügelige Chiemgau vor mir. Der Weg führt nach Riedering. Links neben mir liegt der Simssee. Wunderschön! Ich lege eine kurze Pause ein, genieße die Aussicht und springe dann bald wieder in den Sattel.

Inzwischen sind mein Fahrrad und ich zu einem sehr guten Team zusammengewachsen. Keiner von uns beiden erwartet vom anderen etwas was er nicht halten kann. Wir stehen das gemeinsam durch! Scheiß drauf, was die anderen denken. Mein sprachgesteuertes Navi hält heute zur Abwechslung mal durch und ich schaffe das sowieso! Der Wille wird siegen. Um meine inzwischen wieder dick geschwollene Achillessehne zu schonen, steige ich bei längeren, steilen Anstiegen sofort ab und schiebe mein Reisegefährt über die komplette Distanz.

Als ich Riedering lange hinter mir gelassen habe, kommt eine Passage, die warnend auf mehreren Hinweisschildern am Wegesrand als schwer befahrbar beschildert ist. Besorgnis steigt in mir auf. Was kommt denn jetzt auf mich zu? Sollte ich nun wenden und zurückfahren? Doch bis wohin muss ich dann zurück? Wer sich solche Mühe mit der Beschilderung macht, der wird genau wissen, wovor er warnt! Ich werde es herausfinden, denn nun bin ich hier – da muss ich jetzt durch. Egal wie, ich schaffe das!

Es stellt sich mir an dieser Stelle wieder die Frage, was Komoot hier mit „untrainiert" und „Tourenrad" kombiniert. Grobschotter – extrem rutschig!

Geübte Mountainbiker bekommen auf dem vor mir liegenden Weg mit Sicherheit feuchte Augen vor Freude. Tourenradler erleiden hier jedoch Herzattacken! Ich bin weder das eine, noch das andere, daher entscheide ich mich für Humor, der hilft bekanntermaßen immer.

Vor mir liegt eine total geile, steile Downhill-Strecke. Mir fällt sofort das Ötztal wieder ein, doch damals hatte ich ein richtig gutes Mountainbike mit entsprechender Bereifung und keinen Ballast.

Was mache ich hier? Da ich mutterseelenallein bin auf weiter Flur, steige ich ab und schiebe mein Rad laut lachend bergab. Obwohl... „schieben" ist hier das ganz falsche Wort. Ich hänge in Rücklage an meinem Fahrrad, versuche uns beide samt Gepäck auf dem extrem rutschigen Untergrund irgendwie auszubalancieren und auf den Beinen zu halten. Endet das irgendwo? Ich muss total bekloppt sein! Dazu brennt die Sonne unerbittlich. Am tiefsten Punkt geht es über den Thalkirchner Achen und natürlich auf der anderen Seite wieder ebenso steil und lang anhaltend, geschottert bergauf. Hier hilft mir jetzt auch der Traum von einem Mountain-E-Bike jetzt nicht wirklich. Ich schiebe im Schweiße meines Angesichts wie in Trance weiter. Es ist wieder unheimlich heiß und ich schwitze viel mehr aus, als ich zum Nachfüllen dabei habe. Mir fallen die mahnenden Worte meiner Mutter wieder ein. Ihre Warnungen hatte ich belächelt, doch es kann selbst in Deutschland mit seiner guten Infrastruktur zu kritischen Situationen und Versorgungsengpässen kommen.

Meine Kräfte nehmen zusehends ab, ich dehydriere. Die Wasserflasche ist leer, der Akku meines Iphone auch. Luftlinie ist der Chiemsee zum Greifen nah. Doch wie viele Hügel sind es bis dorthin tatsächlich noch? In mir steigt gerade wieder das bereits verdrängte, elende und machtlose Gefühl des zweiten Tages auf, als ich vollkommen am Ende war und Hilfe brauchte. Dazu ärgere ich mich jetzt auch noch über meine Dummheit. In den vergangenen Tagen hatte ich einige Gelegenheiten, mir eine zweite Wasserflasche samt Halterung zuzulegen. Dazu habe ich eben ja erst den Achen überquert. Schön blöd - selbst Schuld!

Während ich mich in Selbstgespräche vertiefe, kommt mir plötzlich ein Mädel mit Hund entgegen. Die schaut nicht so aus, als würde sie bei den Temperaturen eine weite Wanderung machen. Also kann die Zivilisation nicht mehr weit sein. Ich denke an meinen lieben Hund, der jetzt vermutlich im Garten meiner Eltern im Schatten liegt und sich mit dicken Karotten verwöhnen lässt. Auch für ihn muss ich ankommen. Da ich klitschnass geschwitzt bin, schickt mir der Herrgott in Bayern natürlich einen flotten Trecker, der mich auf dem letzten Schotterstück zum Trocknen gut einstaubt. Von Kopf bis Fuß schön weiß gepudert mit hochrotem Gesicht erreiche ich endlich auf dem Hügel ein paar Höfe.

Direkt schiebe ich mein Rad durch einen Hof zu einem Wohnhaus, vor dem in der Sonne ein netter Typ mit seinem Laptop sitzt. Bei meinem Anblick sprintet er sofort wortlos grinsend ins Haus und spendiert mir eine große Flasche Mineralwasser. Auf einer Bank im Schatten der Scheune kann ich mich lang hinlegen und regenerieren während auch der Akku meiner Technik lädt. Es dauert eine ganze Weile, bis ich einigermaßen zu Kräften komme und wieder aufstehen kann. Der freundliche Ort heißt übrigens Stetten. Ein idyllisches Fleckchen Erde. Ich liebe Bayern!

Nach meiner ausgiebigen Ruhepause nehme ich die letzte Wegstrecke meiner Reise in Angriff. Durch Bachham geht es parallel der Prien Richtung Ziel. Bald habe ich den ersten Blick auf den See. Beflügelt von dem großartigen Anblick fahre ich herum um die Kirche St. Salvator. Leider ist sie verschlossen, also setze ich meinen Weg gleich fort und radle auf direktem Weg durch Prien und dann die lange, überhaupt nicht mehr enden wollende Seestraße entlang. War die schon immer so lang, oder kommt mir das nur heute so vor? Mit letzter Kraft treibe ich meine Beine zum Endspurt an. Die rechte Achillessehne pocht jetzt wie wild. Sie muss mich unbedingt noch über den Hügel bis zum See zu bringen dann darf sie meinetwegen reißen!

In dieser Situation, wie auch mehrfach in den vergangenen Tagen, seit ich diese starken Schmerzen habe, wird mir wieder bewusst, dass mir Klickpedale, auch wenn ich sie für mich persönlich für zu gefährlich halte, sehr geholfen hätten ein Bein zu entlasten und die Entzündung im Rahmen zu halten. Aber wer weiß, vielleicht wäre ich festgeklickt umgefallen und vom Bus überfahren worden.

Endlich nach knapp 88 km heute und 657km insgesamt ist das Ziel erreicht. Ich stehe direkt am Ufer des Chiemsees!

UNGLAUBLICH! Alles fällt von mir ab und ich weine einfach los. Es ist geschafft, ich habe durchgehalten und meine Achillessehne auch.

Während ich hier so stehe, legen rechts und links am Steg neben mir, die Ausflugsdampfer an und Schwärme von übergewichtigen, schwitzenden Touristen schieben sich an mir vorbei. Das alles nehme ich wie von Ferne wahr. Das sind andere Leben. Diese Menschen haben Urlaub, machen einen Tagesausflug, lassen sich bewegen, konsumieren.

Ich bin am Ziel meiner besonderen Reise. Was mir niemand zugetraut hat, ist mir tatsächlich gelungen. Selbst mir kamen zu Beginn meine stillen Zweifel. So bleibe ich noch eine Weile in mitten der Menschenmassen direkt am Ufer stehen und lasse den Moment auf mich wirken. Wunschdenken, Hoffnung und Verzweiflung vermischen sich zu einem kurzen Tagtraum. Wie schön wäre es, wenn er jetzt plötzlich vor mir stehen und mich einfach in die Arme schließen und festhalten würde.

Auf einer Bank seitlich am Park finde ich Platz und gebe mich meiner Freude und der Trauer hin. Habe ich hier Minuten oder eine

Stunde wie in Trance gesessen bis mich jäh ein laut schreiendes Kleinkind in die Realität zurückgeholt? Ich weiß es nicht.

Auf jeden Fall muss ich nun sofort aufstehen, solange das Adrenalin mich noch trägt, mich zusammenreißen und den Rest der Strecke durchhalten bevor mein Körper in den Ruhemodus schaltet.

Der See – Das Ziel ist erreicht!

Ich habe noch rund 4 Kilometer bis zu meinem Hotel zurückzulegen. Angesichts der Gesamtleistung eine überschaubare Entfernung - keine Frage - doch es geht zum Landhotel "Has'n" in Rimsting noch einmal gut bergauf. Mit dem Wissen, dass dies das letzte Mal auf meiner Reise sein wird und dem Restadrenalin in meinem Körper, schiebe ich beflügelt meinen Drahtesel samt Gepäck bergauf.

Oben angekommen bemerke ich im Ort und am Hotel wieder einmal die erstaunten Blicke der Menschen. Vor Antritt meiner Reise hätte ich nicht für möglich gehalten, dass eine Frau allein unterwegs mit Fahrrad und Gepäck überall so für Aufsehen sorgt.

Das Hotel ist schön, mein Zimmer heimelig mit viel Holz und seitlicher Aussicht auf den See. Nach einer ausgiebigen Dusche mache ich mich zu Fuß auf den kurzen Weg zur Ludwigshöhe. Hinter den letzten Häusern beginnt Grobschotter. Eine Wohltat diesen Anstieg allein ohne den ganzen Ballast zu schaffen. Es ist Montagabend, mein Blick streift von der Höhe über den See und die Berge. Ich sitze über eine Stunde ganz ruhig allein auf der Bank, an diesem wunderbaren Platz, den ich so liebe. Das ist wahre Schönheit!

Die Sonne ist jetzt erträglich und meine Gedanken schweifen ab, denn ich habe keine Ahnung wie es nun weiter geht. Jetzt wäre ich so gern „daheim", doch das geht nicht. Ich bin allein und werde mich im Hotel von den Strapazen der Reise erholen. Der See und die geliebten Berge werden mir helfen mich zu erholen. Ich werde mir bei schönstem Sommerwetter noch die letzten meiner Urlaubstage und meinen Beinen etwas Ruhe gönnen.

Beim Abendessen im Hotel lerne ich zwei sehr nette Damen kennen. Wie sich im Gespräch herausstellt, hat die Tochter Ihrer Mutter ein paar Tage ihrer Zeit und einen Mutter-Tochter-Urlaub in ihrer Heimat geschenkt. Eine wirklich schöne Idee! Die guten Gespräche bei einem Glas Wein geben mir meine Kraft zurück.

Die nächsten Tage faulenze ich im und am See oder strecke meine Beine in der Sonne aus und denke nach. Hier im See habe ich schon im Alter von zwei Jahren gebadet. Die Kinderbilder sind mir erst kürzlich beim Aufräumen wieder in die Hände gefallen. Ein kleines Mädchen steht in blau-roter Badehose neben ihrer Mutter im See und freut sich des Lebens. 50 Jahre später bade ich hier wieder. So schließt sich der Kreis.

Egal, wie sich alles jetzt entwickeln wird, drei Dinge sind mal sicher: Meine Figur hat sich in den 9 Tagen nicht zum Nachteil verändert und zuhause warten mein geliebter Hund und meine Arbeit auf mich. Natürlich hätte ich auf eine Erkenntnis wirklich verzichten können, doch sobald man sich sicher und wohl fühlt kommt es ganz anders, als man es sich in den kühnsten Träumen bzw. Albträumen ausgemalt hat.

Aber auch jetzt würde ich es genau so jederzeit wieder tun für meine Überzeugung und die Liebe!

I do it my way!

Etappe 9 München - Prien am Chiemsee

Tour erstellt von **beauty of simplicity** am 16.06.14
http://www.komoot.de/tour/t3070115

| Fahrrad | 87,9 km Distanz | 07:43 Std Dauer | 650 m Höchster Punkt | 440 m Niedrigste Punkt | 350 m ↑ Bergauf | 370 m ↓ Bergab |

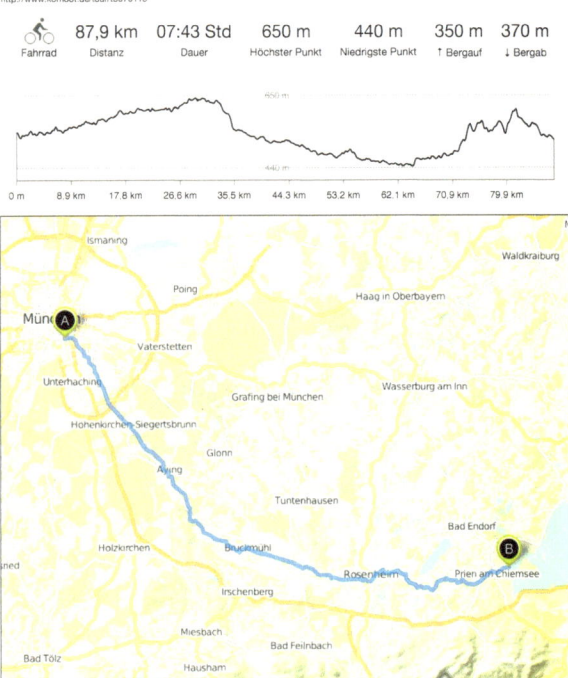

Zugabe

Ich wollte schon seit 4 Jahren einmal die Zeit und Muße haben um den See zu radeln.

Jetzt, nachdem ich hier aus eigener Kraft angekommen bin, ist dies das Sahnehäubchen auf meiner Reise. Meine Belohnung. In den letzten Tagen habe ich mich körperlich ausgiebig entspannt. Diese Zugabe gebe ich am letzten Urlaubstag meinem, inzwischen wieder nach Bewegung schreiendem, Körper noch.

Etappe X   Prien - Prien im Uhrzeigersinn

Man startet - am besten in guter Gesellschaft - auf der „schönen Seite" des Sees und genießt den Blick auf die Herreninsel. Über eine längere Strecke führt der Weg entlang der wunderbaren, malerischen Schafwaschener Bucht. Der Weg führt am See entlang an Häusern der Chiemseemaler, schönen, privaten Bootshäusern und kleinen Bootsanlegern. Dann geht es vorbei an Breitbrunn. Hier ist, wegen des traumhaften Ausblickes auf die Fraueninsel und die Krautinsel, der „Umweg" über die Landzunge unbedingt zu empfehlen!

Im weiteren Verlauf kommt man durch Gstadt. Hier legen auch die Chiemseedampfer auf ihrer Rundfahrt um den See und zu den Inseln an. Ein Ausflug zur malerischen Fraueninsel lohnt sich auf jeden Fall. Müde Radler können von hier aus nach einem Rundgang über die Insel und ein paar Maß in der „Linde" mit dem Schiff zurück zum Ausgangspunkt fahren.

Bei Seebruck überquert man die Mündung der Alz. Der Weg führt durchs schöne Chieming. Es gibt auf der gesamten Strecke an jeder Ecke unvergleichliche Ausblicke auf die Weite des Sees, kleine Buchten, die Berge und dazu reichlich gute Möglichkeiten um einzukehren und sich zu stärken.

Hinter Grabenstätt überquert man noch die Mündung der Tiroler Achen bevor der Radfahrer dann leider einige Kilometer an Deutschlands ältestem und schönstgelegenem Abschnitt der Autobahn über nicht geteerte Radwege entlang radeln muss. Ab Felden wird es dann wieder ruhig und bequem denn die Radwege sind geteert.

Die Strecke Rund um den Chiemsee ist eine sehr schöne, ganz entspannte Tagestour ohne nennenswerte Anstiege und mit reichlich guten Möglichkeiten zur Einkehr!
Sie ist sehr empfehlenswert auch für ungeübte Gelegenheitsradler.

Rund um den Chiemsee

Tour erstellt von **beauty of simplicity** am 21.06.14
http://www.komoot.de/tour/t3111701

| Fahrrad | 54,4 km
Distanz | 05:42 Std
Dauer | 560 m
Höchster Punkt | 450 m
Niedrigste Punkt | 120 m
↑ Bergauf | 110 m
↓ Bergab |

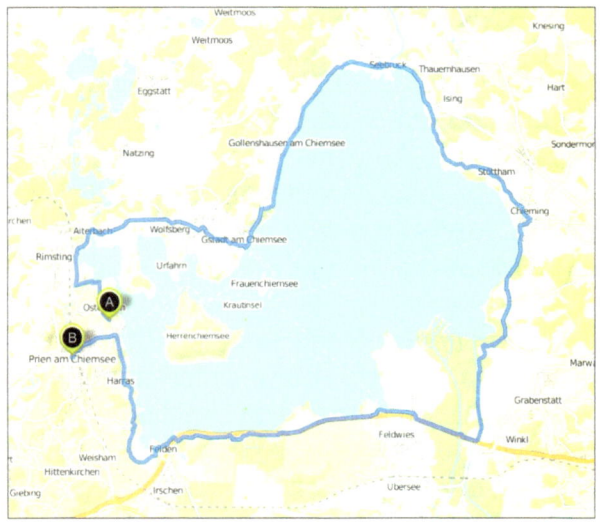

Epilog

Auf meine eigenwillige 'Pilgerreise' bin ich ganz spontan gestartet und sicher auch von dem einen oder anderen Menschen in meinem unmittelbaren Umfeld dafür belächelt worden. Dass ich so untrainiert und unvorbereitet, wie ich losgefahren bin, mein Ziel erreiche hat mir niemand wirklich zugetraut. Mein unbändiger Optimismus hat mich getragen und ich war ich mir ziemlich sicher, es zu schaffen wenn mich nicht äußere Einflüsse zur Aufgabe zwingen.

Mit meiner ganzen Energie wollte ich dem Menschen, den ich liebe, Mut machen die lebensnotwendigen Schritte und Veränderungen einzuleiten und an eine positive Zukunft zu glauben.

Bereits vom ersten Tag an stieg mit jedem Kilometer meine Euphorie für mein Vorhaben und meine Freude am Radfahren sowie auch meine Sicherheit dies zu schaffen. Auf dem ganzen Weg konnte ich täglich die positive Wirkung auf meinen Körper verfolgen. Mit jedem Kilometer wurde ich fitter und lockerer. Ich hatte Tag und Nacht - fernab vom Alltag - vor wechselnder Kulisse die Zeit mich nur mit mir und meiner aktuellen Lebenssituation zu beschäftigen und obwohl ich am Ende meiner Reise die traurige Gewissheit erhalten habe meine Liebe und meine Zukunftspläne begraben zu müssen habe ich dennoch unendlich viel für mich persönlich dabei gewonnen.

Neun Tage und Nächte lang konnte ich unterwegs die unterschiedlichsten Erfahrungen mit der Natur, den Menschen und der Technik sammeln. Dabei habe ich enorme Sicherheit gewonnen über das, was ich zu leisten im Stande bin. Ich weiß nun wieder wer ich bin und wo ich stehe.

Im Vorfeld hatte ich nicht geplant über diese Reise zu schreiben sonst wäre ich wesentlich besser vorbereitet und ausgestattet an den Start gegangen und hätte vermutlich einen Blog geschrieben. Nun möchte ich mit meinem Reisetagebuch auch denjenigen Mut machen etwas spontan zu riskieren, die sich nichts zutrauen.

Auch wenn man gerade keinen genauen Plan hat oder die passende Reisebegleitung, wenn man an sich zweifelt oder etwas bewegen will bzw. sich selbst bewegen will – es lohnt sich mutig zu sein!

Das genaue Ausmaß der persönlichen "Pilgerreise" sollte jeder den eigenen Fähigkeiten entsprechend für sich festlegen. Auch die Gründe dafür können ganz vielfältig sein. Der Kreativität, Spontaneität und auch pedantischer Planung sind keine Grenzen gesetzt. Selbst wenn man nicht gläubig ist, diese Reise ist viel mehr als nur eine zurückgelegte Wegstrecke.

Ich kann eine solche Erfahrung uneingeschränkt empfehlen.

Eine etwas bessere Vorbereitung als meine ist auf jeden Fall von Vorteil. So sollte man sich im Vorfeld unbedingt Karten mit Fahrradwegen herunterladen oder kaufen um ggf. auch unterwegs die Angaben der Navigation besser überprüfen zu können. Vor allem hinsichtlich der Topografie. Die Zeit für einen umfassenden Fahrradcheck sollte man sich ebenfalls nehmen, damit man mit einem uneingeschränkt funktionierenden Fahrrad mit entsprechender „Marathon-Bereifung" die Reise antreten kann.

Karten, allgemeine Hinweise, Links

Gesamtübersichten:

Tour I http://www.komoot.de/tour/t3000297
Tour II http://www.komoot.de/tour/t3016485
Tour III http://www.komoot.de/tour/t3021307
Tour IV http://www.komoot.de/tour/t3027512
Tour V http://www.komoot.de/tour/t3034125
Tour VI http://www.komoot.de/tour/t3040640
Tour VII http://www.komoot.de/tour/t3048415
Tour VIII http://www.komoot.de/tour/t3064427
Tour IX http://www.komoot.de/tour/t3070115
Tour X http://www.komoot.de/tour/t3111701

Navi: http://www.komoot.de

Allgemeine Hinweise zu Komoot:

Komoot wählt nach eigenen Angaben grundsätzlich immer die schönste Tour und bevorzugt diese automatisch gegenüber den flacheren Varianten. Hier ist also im Vorfeld mehr Eigeninitiative und Streckenvorbereitung von untrainierten Radfahrern notwendig.

Komoot war während meiner Reise bereits bemüht das Problem der Abstürze zu beheben. Leider kam das Update mit der automatischen Pausenabschaltung für mich zu spät.

Heute ist die App wesentlich komfortabler und funktioniert viel besser!

Mein Tipp:
Vor Antritt einer längeren Reise plant einfach mal eine Tour in der näheren Umgebung und macht mit dem System zum Testen eine Übungsfahrt. Dabei erkennt man etwaige „Special Effects" und kann die große Tour in unbekanntes Terrain entsprechend vorbereiten.

Oder Ihr macht es einfach wie ich frei nach dem Motto 'no risk – no fun' und erlebt jeden Tag eine Menge Überraschungen.

DANKE!

Herzlichen Dank an alle, die mir unterwegs geholfen bzw. mich so freundlich in Ihren Hotels empfangen und aufgenommen haben.

Besonderer Dank gilt meinem hilfsbereiten Retter in Spiesheim, dem kompetenten Fahrradhändler in Viernheim sowie dem freundlichen Studenten in Stetten. Ohne Euch wäre ich verzweifelt!

Heute, fast zwei Jahre später stehe ich wieder vor der Frage, wie ich meinen Urlaub im Sommer verbringen werde. Es bleibt also spannend und vielleicht gibt es eine Fortsetzung.